为了人与书的相遇

望艺回手

失われた手仕事の思想

[日] 盐野米松 著
张含笑 译

广西师范大学出版社
· 桂林 ·

序

说起有关手艺人的话题，我就会想到驿站接力赛中，如果前一棒选手在规定时间内没有跑到接力点，后续跑者即使没能拿到接力带也只能被迫提前起跑。

在驿站接力中，各组跑者需要逐段传递接力带，完成长距离赛跑，力争成为第一个冲过终点的队伍。当上一棒跑者跑到接力点时，就会取下肩上的接力带，交给已经开始助跑随时准备出发的下一棒选手。接棒的选手一边将接力带挎过肩头，一边已经离弦而出。各组选手都会这样陆续跑到接力点，完成接力带的传递。

还没等到自己这一队前棒队员的选手们会一边张望着远方，一边原地踏步，保持热身，等待队友出现，但有时也会出现左等右等也等不来的情况。当第一组队伍跑过接力点，裁判就会开始计时，经过一定的时限之后，裁判就会无情地宣布余下的跑手必须“提前起跑”。

这时，即使还没有拿到前一棒的接力带，剩下的所有选手都必须先行出发，他们会披着临时的接力带出发。这就是所谓的“提前起跑”。

但此刻，前棒选手们还在拼命跑向接力点，想把接力带传给下一棒选手。当他们发现自己身上的接力带已经无法传递给下一棒选手时，不禁会哭泣着倒在地上。每年在赛事直播中都能见到这样的画面。

在驿站接力的比赛中，无法将接力带传给下一位队员的跑者有两类。一类是下一棒队员被迫提前起跑了，另一类是排在最后一棒跑完全程的跑者。最后一棒的选手担负着最终名次，虽然结果可能是荣誉也可能是失败，但无论如何都会有完成使命的自豪感。然而遭遇下一棒队员提前起跑的选手们就不会有这种大功告成的满足感。

20 世纪，在那段所谓的高速发展时期内，众多职业都在日本国内消失了。我出生于日本战败后的第三年，也就是昭和二十二年（1947 年），我们是最后一代能亲眼目睹手艺人工作身影的人，如今那些手工艺匠人都已经不见踪影了。他们并不是挎着接力带跑到终点的人，我觉得他们更像是没能把接力带传给下一棒选手的跑者。没有任何仪式为他们举行，甚至直到他们放弃自己的手艺也不曾有人了解他们究竟是干什么的。弃业的背后当然有各式各样的原因，有的是出于个人原因放弃了某样职业，也有不少是整个行业都集体没落了。

在这二十几年中，我走访了全国各地各式各样的手艺人和手工业从业者，参观他们的工作，倾听他们的讲述。

无论什么行当，都是当地气候水土影响下的产物。从大自然中获得原材料，加以灵活运用，并努力把手艺留给徒弟或子孙，使之成为祖祖辈辈的营生，这就是技艺的传承。师傅会不断地叱责学徒，直到学徒能人剑合一般熟练运用简单的工具，才能让与这门手艺相关的记忆得以留传。

以手工业为主流的时代，社会发展还处于小型社会阶段。制造者和使用者之间都互相认识，使用者可以选择自己喜欢的制造者。要在这样的小型社会中生存下去，制造者们就必须不断地制作出最好的作品。物品经过自己的手制作，最后为人所用，手工艺人们就是在这个过程中逐渐养成了自己的工作态度和职业思维，也养成了手艺人之间的道义和礼节。但这样所形成的环境和人际关系随着经济的飞速发展而逐渐消亡了，取而代之的是批量生产、大众消费的时代，整个社会也进入了大型社会阶段。

这个时代，物品的背后不再是手工艺匠人的身影，而是工厂。制造者也不再直接面对使用者。批量生产可以面向更大的消费群体，而这种生产规模持续不断地扩张，最终达到全球规模。

我想为那个不知不觉终结的手工制作时代，以及这个时代背后的故事留下一些证据。至少现在去回顾还不晚，因为消失的手工艺离我们还没有太远。

时代总在反复流转中不断演变。无论科学如何发达，技术如何进步，也无法确切地知道明天会发生什么。伸手探索明天的时候，会发现过去是切实存在的。无论变化多么巨大，昨天都会是明天的指路标。在此，我想通过和手艺工匠们的对话来探究所谓“手工业时代”究竟是一个什么样的时代。

盐野米松

2001 年 8 月

目录

第一章　消失的工匠

手工艺匠人已经从我们身边消失很久了。

在此，让我们先来介绍一下这些几乎已经不见踪影的工匠们究竟从事着怎样的工作。

制作锄头和菜刀的铁匠

我的家乡是秋田县仙北郡角馆町的横町。横町和市区隔着一座桥，是一片农村地区，有二十四五家住户。横町里有卖菜的、卖酒的、卖烟的等各种商铺，也有工匠住在町内。我小的时候，横町里有一间铁匠铺。我们旁边叫作“中町”的镇上有专营手推货车或马车的“马车屋”，带动起了周围的铁匠铺，虽不至于多到每个镇上都有一家，但小时候我总觉得身边有不少打铁的作坊。

无论作坊多么小，只要有铁匠在，就能帮周围的农户定制锄头、镰刀、斧头等农具。在我居住的横町里有木匠、桦木细工艺人、石匠等，都会委托铁匠为他们制作工具。铁匠也会为镇上的孩子制作夏天在河里玩耍时用的小鱼叉，还有嵌在陀螺上的铁环之类的东西。

要说镇上的铁匠是什么时候消失的，我也记不清是哪个明确的时间点了，不过到昭和三十九年（1964 年）东京奥运会召开之时，各个镇上打铁的作坊几乎都已经消失了，不仅仅是我所居住的横町，旁边镇上的铁匠也早就消失不见了。铁匠铺或打铁作坊关张的时候一般都不会举行什么郑重的仪式，不知不觉中炉火熄了，打铁的声音没了，那就意味着铁匠铺关门了。

即便如此，各地还是保留着一些制作菜刀或其他刀具以及各种农具的铁匠铺，他们也会承接各种修理业务。在此要介绍一位主要制作农具的铁匠——福岛县的高木彰夫先生（1940 年生）。他的打铁作坊位于西白河郡西乡村，一个叫作川谷的地方。作坊门口并没有写着铁匠铺，而是挂着“报德锻造厂”字样的招牌。如今只做打铁的生意已经无法维持生计了，所以这里也承接组装铁架、焊接等工作。

高木彰夫先生专做镰刀和锄头。农户跟他定制镰刀或锄头，他会根据每一个客人的要求调整刀刃角度和刀柄根部的细节。来跟他订货的人会带着自己以前用过的工具，或是把自己想要的样子画在纸上，时不时也会有人带着高木先生或是他父亲以前做的锄头来找他修理。如果是锄头前段刀刃的部分磨损了，也会拿来请高木先生在刃部加一些钢,进行“补刃”。铺子里最主要的产品是他父亲开发的“源次锄”。

铁匠究竟是如何用铁来打造锄头的呢？这里我们就以制作锄头为例来说明其中的工艺过程。

打铁所用的原材料是从钢材铺买来的一块块板状的软铁。首先要将这些软铁板切割成合适的大小，然后在800度以上的高温里打出锄头的雏形。以前打铁都是要烧炭的，靠风箱来提高炉内的温度，把铁烧热，现在都烧重油了。判断火候全靠观察火焰的颜色。

做一把锄头需要用到两种铁。首先是软铁，用来打造锄头整体的形状。顾名思义，软铁性质较为柔软，延展性好。其次在刃的部分用到的是钢。钢含有碳的成分，加热后再经过水或其他物质急速冷却（淬火处理）能使其硬度增强。菜刀等各种刀具的刀刃部分都会用钢制成。钢更硬，更锋利，但质地也较脆。

大多数铁匠铺都会从材料商那儿购入所需的钢材，但高木先生的铺子用的却是“渗碳法”，往软铁中渗入碳元素，炼成钢材。当温度达到910度以上的时候，软铁的结构开始发生变化，此时就可以渗入碳元素了。虽然只要在颗粒状的木炭中加热软铁也能在铁的表面达到渗碳的效果，但用渗碳法制作出来的“渗碳钢”内里柔软，表面坚硬强韧。

用渗碳法制作出来的钢还要与成型的软铁进行熔接。铁和钢熔接时的温度必须达到1600度以上，这时火焰接近白色，发出耀眼的光芒。达到这个温度之后就可以打铁了，敲打之下钢和铁就熔接上了。

熔接好的钢和铁还要在900度到1000度之间来回加热，捶打出锄头的形状。物件不是一下子就能敲打成型的，要放在炉里烧，再拿出来打，打完再放回炉里加热，不断重复。

经过这样几个来回之后，锄头就成型了，再用裁断机把周围多余的部分去掉，还要用锻压机配合形状压出锄头特有的弧线。

接着要用研磨机进行打磨，还要进行淬火。淬火的温度各家都不同，源次锄的做法是从800度左右的高温中热烧之后放到一般室温的水里急速冷却。淬火的不同处理方法会影响钢的硬度、脆度和延展性。

“唐锄”（中式锄头）是用来开垦土地或是切断植物根部的工具。在制作唐锄时，为了保证整体能均匀受热，会用到熔化的铅液。先把铅熔化，使它的温度上升到淬火时所需的温度；再把唐锄浸入熔化的铅液里，这样受热就很均匀了，等锄头的温度上升到淬火温度之后再马上放入油中进行淬火。这样制成的唐锄既有韧劲，又坚硬结实。

至此，锄头的制作流程就算是简单地介绍完了。

现在的铁匠铺已经逐渐从烧炉改烧重油，打铁也逐渐改用电锤了。目前一些小镇上还能找到的铁匠铺大多都在用电锤和烧重油炉。不过就连这样的铁匠铺，现在也不多见了。

铁匠铺的消失是因为我们在生活中已经不再需要铁匠了。

就拿锄头来说，与其去找铁匠打一副自己称手的工具，种地的农户宁愿选择去量产的商店里随便买一把回家凑合用。

量产的商品便宜，要用的时候随时到商店都能买到，但这样的商品只能是符合标准身材使用的标准品。在人们带着图纸或旧锄头去找铁匠铺打铁的时代里，大家都有自己合用的尺寸，都能拥有自己用着顺手的工具，这才是让人干起活来事半功倍的好工具。所以即便工具坏了，使用的人也会愿意修修补补，让它用得更长久些。

而批量生产的标准品就无法适应每个人身体的不同要求了。稍有不便，使用者只能忍耐一下，毕竟便宜，如果实在不合适，或是坏了、钝了，直接扔掉也不会觉得可惜。于是，到铁匠铺定制工具的人就渐渐地消失了。而锄头作为重要生产工具的地位也改变了，如今不过是个不常用到的工具罢了。

这也是如今很少有农户去铁匠铺委托铁匠给自己打造工具的另一个重要原因，因为今天的农业劳动中已经很少有用到锄头和镰刀的手工作业了。

高木先生说："其实铁匠铺减少就是从农业机械化兴起的时候开始的。我现在接手的订单还不及我父亲那时候的十分之一，现在只靠打铁已经维持不了生计了，以后总有一天会干不下去吧。所以我们现在也承接各种焊接铁架之类的活计。打铁这行没生意了，也想过干脆放弃这部分业务，但又舍不得，就还是保留了下来，但真的没什么市场需求了。翻开黄页，几乎都找不到铁匠这个行业类目。"

秋田县算是农业从业者较多的都道府县，翻开秋田县的黄页，上面写着"铁匠铺请参见锻造业"，只记录了两家以工匠名字命名的作坊，还有一家制作菜刀的作坊。

铁匠铺的踪影已然消失了。

也有铁匠铺从制作锄头、斧头、镰刀等农具，改为主力制作菜刀，但市场需求也并不大。你只要去看看各家各户用的菜刀就知道为什么了：批量生产的不锈钢菜刀当仁不让地占据了各家各户的厨房。铁匠铺没法打出那样的菜刀，铁匠铺打制的菜刀要常磨才好用，不磨就会生锈。只要做好磨刀的功夫，手打的刀就能一直用下去，锋利的刀刃还不会推磨、破坏鱼或肉的细胞。然而会用磨刀石磨刀的人已经越来越少了，这是一个仓促的时代，稍需动手的工具都会被推开。

之所以把铁匠铺放在第一个介绍是有原因的。后边介绍的各种手工艺匠人都会提到“能为我们修理手作工具的人、能制作趁手工具的人已经没有了”，所以铁匠铺的消失是其他手工艺人无法继续存在的理由之一。

用薄木片修葺屋顶的屋顶匠人

以前，日本的房屋在屋顶选材上可谓多种多样。

要到很久之后，瓦片才被普通民众使用。神社或寺庙等作为文化财产受到保护的建筑，大多数至今还在使用扁柏、罗汉松、花柏或是栗木切割成的薄木片来修葺屋顶。

而农户或普通民众家，则会从附近的草场或荒野上找来茅草修葺屋顶：如果生活在水边，就用芦苇，如果附近的山里有杉树，就用杉木皮，或把砍伐后留下的杉木桩切割成杉木板来用。用来修葺屋顶的杉木板在各地有不同的叫法，有称为“柾”的，也有称为“木羽”“木端”或“杂古”的。

从前，无论是建造房屋所需的建材还是生活日用品，在家附近就能找到原材料。有些去山里走一趟就能自己动手搬回家，就算要花钱去买，原产于本地的材料也是最便宜的，而且本地的材料最适合在当地的气候风土条件下使用。再加上产地近在咫尺的关系，就算来日需要进行修理，材料也是唾手可得，茅草修葺的屋顶就是一个很好的例子。农村大多会用芦苇或芒草来修葺屋顶。

芒草可以在山里、河滩上或是专门的草场上进行收割，全村人都会一起出动，集中翻新所有屋顶。

在村里，种田、割稻、修路、建屋和更换屋顶等重要工程都会由被称作“结”的村民共同体来帮助全村人共同完成。

如今再走进乡村，大多数人家的屋顶不是在茅草上多盖了一层铁皮屋顶，就是整个屋顶都改用瓦片或钢板了。

这一变化背后有许多原因。一是收集芦苇和茅草变得不那么容易了，二是能修葺茅草屋顶的茅匠也消失了。再有就是，被称作“结”的村落间的互助组织也土崩瓦解了。总之，乡村生活在整体上发生了改变。

以前要赚点钱不容易，只能靠自己的劳动来维持生计，然而这一切随着经济高速增长期的到来而发生了改变。经济的飞速发展带来了更多赚钱的机会，外出打工的势头逐渐兴起，农村家庭中的次子、幼子都会去城市里打工，或进工厂做工。

打工的工资不算少，所以相较自己花时间去收集茅草，不如把修屋顶的工作交给瓦匠，或索性用铁皮屋顶，省下的时间多打些工岂不更好。于是，高人工成本的时代到来了，修葺茅草屋成了一项成本高昂的工程。

从前最便宜、最容易得到的原材料，现在要去收集却需要高昂的劳动力成本。原本提供互助的人，也将各自的劳动力转向了其他地方。

但和修葺茅草屋顶的工作不同，制作木片屋顶从来都是一门手艺活儿。我们之前就说过，对于用来修屋顶的薄木片，各地都有不同的叫法，位于秋田县角馆町的木片屋顶匠人云雀佐太雄先生（1928 年生）就把自己的作坊称作“杂古店”，因为修葺屋顶用的薄木片有时被称作“杂古”。现如今，只有在建造数寄屋的时候才能偶尔瞥见木片屋顶匠人的身影了。下边就来介绍一下木片屋顶匠人（此处也将他们称为“杂古店”）的工作。

杂古店主要负责两项工作：一项是切割和制作“杂古”，另一项就是用木板铺设屋顶。

有的工匠会专攻其中一项，也有人两种工作都能胜任。

云雀先生就是在两方面都有经验的师傅。

杂古木片的主要原材料来自天然杉树砍伐后的树桩或树干，有时也会选用栗木。现如今天然的杉树资源稀缺，很少能拿来做屋顶建材，不过偶尔也会有人一咬牙一跺脚，拿珍贵而结实的天然杉木来用。栗木在被用作室内装修的材料修葺屋顶之前，曾经是杂古店经营的建材之一。

从前多使用天然杉木的树桩，但实际利用的情况也和现在相去甚远。从前采伐木材的时候,砍伐的位置都比较高。伐木多在冬天进行，在树木暂停吸收水分的时期进行采伐。在卡车和山路等运输条件尚不完备的时代，要靠雪橇或马车在冰天雪地里把木材运到河岸边，再通过水路发往各大城市。以前伐木是在雪地里进行的工作，一般砍伐后留下的树桩都会比较高。当然，以前的砍伐位置较高还有别的原因——一般较为粗壮的树木，靠近根部的树干因为承担着支撑整棵大树的作用，通常会强壮到难以驾驭，所以不适合用作原材料。但如今不同了,除了气候条件不一样之外，用电锯完全可以从最接近树根的部分来砍伐。

无需理会树木本身的个性，用机械设备强硬地进行采伐，只要尺寸合适就直接拿去做建材。以前木材砍伐位置较高的时候，剩下的树干也有各种利用的方法。杂古店可以取根部做成修葺屋顶用的木板，也可以用来做酒桶。

树桩或是其他要被切割成杂古的木料，会先用大锯子锯成合适的尺寸运到杂古店的小屋。切割杂古木片在山里采伐场附近的小屋里分组完成。在等着木材到来的时候，工人们就在小屋里休息，等待后续的工作。

用来劈杂古木片的工具有刀柄和刀刃成一直线的大劈柴刀、刀柄和刀刃呈一定角度的小劈柴刀（大劈柴刀和小劈柴刀都是单边开刃的），以及两边都有手柄的铣刀。

制作杂古木片要先把木材切成每段长八寸（约 24 厘米）的原木段料，八寸是杂古木片既定的长度，然后再用大劈柴刀将切成木段的杉树原木八等分。先把斧头的刀刃凿进段料里，再用锤子击打斧头，借力劈开木头。这种八等分的方法又被称作“橘子切法”。然后再从等分后的每段木料上切割出一寸两分（约 3.6 厘米）厚的直纹木板。因为等分后的木料是三角形的，所以由此切割出来的木板虽然长度相等,但宽度却会逐渐变窄。靠近树皮的边材被称为“白太”，先将这部分裁去，然后在裁去树皮后露出的截面上，用两边带手柄的铣刀将一寸两分宽的木料八等分，再用小劈柴刀将这八块木片切割下来。

在木料的横截面用铣刀锯出凹痕，一是为了方便用柴刀劈取木片时找准位置，二是如果用锯子切割木片，木材横截面的切口会很粗糙，一下雨就容易吸收水分导致木材腐坏，而用铣刀切割的木材横截面则光滑亮泽。

已故的宫殿大木匠西冈常一先生也说过，做木工的时候用刨刀不仅能增添美感，用锋利的刀锋切割过的地方更不容易进水。

用来切割杂古木片的柴刀和铣刀都会磨到能剃胡子般锋利。工匠们之所以不吝惜磨刀的时间，是因为如果工具不够锋利效率就会降低，工作起来不但费劲，还浪费体力。对工匠们来说，自己经手的木片不仅要能在同业者面前拿得出手，更要让客户能得到经久耐用的成品，这都是理所当然的事情。

切割好的杂古木片顶端厚一点五分（约 4.5 毫米），尾部还要再薄一些。一些特殊场合使用的木片可以达到这个尺寸的一半那么薄。将这些木片并排摆放，排至十二间[1]的长度，把它们绑成一捆，这就算是一个单位的成品。

如果一天能完成五捆杉木片，收入就与木匠干一天木工活的工钱相等。如果有本事一天内产出比这更多的木片，那只靠这门手艺也能养家糊口了。手艺工匠们都是靠本事吃饭的，当然效率越高赚得也越多。

---

1 “间”，长度单位，一间约为 1.82 米，十二间约为 21.84 米。——译注（本书脚注如无特别说明，均为译注）

这种制作木片的工作方法和木匠计算日薪的工作方法各有千秋。铺设屋顶和制作木片的计价方法是一样的。

用木片修葺屋顶时要用到的工具有：让工匠在作业时能坐在屋顶上而特别设计的小凳子——前边凳腿短，后面凳腿长，方便架在屋顶的斜面上；造型独特的锤子——锤头呈正方形，锤子的手柄上还附有方便推入和取钉子用的金属板；再有，就是用杉木板做成的放钉子的小木盒。以前的钉子都是用竹子做的，现在也有用铁钉的。

如果要用杂古板修葺一面较大的屋顶，则需要几名匠人分列于屋顶上同时作业，从屋檐开始往横梁去，把一片片木片按次序钉起来，力求快速、美观、整齐。

一个工匠要完成 10 捆到 20 捆的工作量。见习的徒弟会被安排在两名工匠中间，在两边的鞭策下拼命磨炼自己的手艺。

虽然木片屋顶看上去只是单纯地把木片排列起来而已，但屋顶的边缘，横梁附近，屋顶和屋顶间的接缝，都需要用到各种能让屋顶更美观的铺设技法。

铺设屋顶的工匠对木片的优劣要求非常严格。如果木片有损伤或偷工减料，会直接影响施工进度，也会影响工匠的收入，当然更会影响屋顶完成后的美观和牢固程度。

杂古店的匠人们有几分手艺就能赚几分钱，要想有好手艺就得跟着技艺高超的师傅。云雀先生师从当地一位名匠，把切割木片和铺设屋顶的技术都学到了手。

但就在云雀先生的手艺刚能独当一面的时候，秋田县便迎来了铁皮屋顶的时代。我读小学时,学校重建了体育馆。从旧建筑的屋顶上拆下来的薄木片堆成了一座小山，我们这些孩子就把这些木片拼装起来，当飞机扔着玩。随后，在旧建筑拆除后的废墟上建起了新的体育馆，四周有观众席，顶上覆盖着铁皮屋顶。云雀先生就是赶上了那个时期。之后云雀先生又学习了铁皮屋顶和铜板屋顶的新工艺，才把这门屋顶匠人的营生维持了下去。

虽说修葺木片屋顶这门手艺已经快要被人遗忘、消失殆尽了，但如今，随着地方和乡村的复兴，一些古建筑需要重建，古代的武士家邸需要维修，修葺木片屋顶的工作又成为不可或缺的环节，再次为人们所需要。

这时候，就要请云雀先生出马了。如果只是铺设屋顶的活，木匠或屋顶匠也可以干，但切割木片的活儿，没有长年积累的经验是做不来的。云雀先生说，他们这代匠人辞世之后，这门手艺怕是就后继无人了，所以只要他活着就会尽其所能地多做一些木片，有空了就切割几片，以后总有机会用到。他的工坊里各种工具都磨得锃亮，整齐地排列着，空气里充满了杉木的香气。

制作柳编行李箱的柳编艺人

从前，不管哪户人家，家里都会有几个柳编的行李箱。那是用柳条编织成的、带盖子的、大个儿的筐形容器，可以用来收纳衣物，放进壁橱里，或是在搬家的时候用来装东西，方便搬运。

用同样的材质还能编织成箩筐、饭盒以及其他用来装小物件或书籍的容器。

柳编的原材料是尖叶紫柳，这是一种枝条柔韧的杨柳。柳编艺人会亲手栽培和采集这种柳条，进行手工编织。

还记得昭和四十年（1965 年），我来东京的时候，就把衣物放进柳编行李箱里，用绳子绑好了送去火车站托运。但不知何时，柳编行李箱的身影不见了，最近搬家都用纸板箱了。虽然现在有时还能在民间手工艺品商店里看到柳条做的饭盒，但大多数都不是在日本制造的了。

兵库县的丰冈市原本是柳编产业的重镇，拥有大量柳编工匠。在这个地区及其近郊，至今仍驻扎着一些柳编艺人，还有“杞柳制品合作社”。人们似乎习惯把尖叶紫柳称作“杞柳”[1]。

1　中文里杞柳与尖叶紫柳是两种不同的植物。

我与合作社的理事长田中荣一先生（1923 年生）见面并进行了交谈，还观摩了柳编艺人丸冈正子女士（1934 年生）演示手工编织的过程。

编织所用的柳条并不是取自天然生长的植物，而是需要手工艺人自己每年栽培。丰冈市城外有一条元山江流过，这条河流以前经常泛滥，因此在河堤旁不宜种植稻田，种柳田倒是很合适。

到了秋天落叶缤纷的时节，柳田里种植的尖叶紫柳就要收割了，系成一捆捆保存起来，待到来年春天再插回田里。柳树是生命力极顽强的植物，即使把折断的柳条插在家门口也能长出新的枝桠。挨过了一个冬天的柳枝再插到田里，还是会生出根来，冒出新的嫩芽。为了得到笔直的优质柳条，得花功夫让尖叶紫柳在不抽新芽的状态下伸长柳枝。

柳编使用的是柳条剥去外皮之后雪白的柳茎。给柳条剥皮这个步骤不仅不可或缺，而且在时间上还颇有讲究。柳条在生长的时候，树液开始在柳条中穿行，皮和茎之间的水分充足。一定要找准这个时机，太早不行，太晚也不行，错过了这个时机树皮就剥不下来了。所以一定要在这个生长期内对柳条进行二次收割，然后剥皮。

剥了皮的柳条要在河里清洗，洗去表面的黏液，然后阴干，直至完全干透。如果用来进行编制的柳条中含有太多水分，成品在干燥后容易出现缝隙，也容易发霉。

尖叶紫柳的栽培不仅限于丰冈地区，日本各地都有，尤其是高知县四万十川流域的“土佐柳”颇受好评，产量也颇高。所以各地出产的柳条在剥皮、干燥之后都会运送到丰冈。在柳编业最兴盛的时候，会有几十万贯[1]柳条被送到丰冈。那时候之所以有那么多柳编手艺人聚集到这里，就是因为有如此多的制作需求。

在丰冈，所有柳条会根据宽窄和质地被分为大叶、中叶、细叶，分别用来编制大型行李箱、小包和饭盒等器物。

丸冈女士为我们展示了如何编制柳条饭盒。用到的工具非常简单。

首先是一块松木做的板子，这是编制饭盒的工作台。板子并不大，正中央画着一条黑线。据说这块板子曾经是新娘陪嫁的嫁妆，从娘家带过来的，已经用了一百年了。女儿们都要从母亲那里学习这门手艺当作过冬时的活计，所以柳编可谓是出嫁之前不可或缺的一门修行。

其他工具还有竹子做成的20多厘米长的一把弓。弓上绷了两根捻好的、有韧劲的麻线，把柳条交替插入进行编制，

---

1 “貫”，重量单位，一贯约为3.75公斤。

在柳条间把麻线像纬线一样编织进去。饭盒或小件柳编制品的经线纬线并不都是柳条，纬线常以麻线代替。

另外还有一些别的工具，例如为了不让长长的柳条妨碍编制过程，需要用一根长条木头压住正在编制的物件。还有饭盒的模型，说是模型，只是为了确定饭盒大小的工具。另外还有剪刀、竹镊子、卷线用的线轴，都不是什么特殊的工具。

柳编艺人编制的速度非常快，据说丸冈女士以前一天能编 100 个饭盒。后来编制工作有了分工，有人负责整体编制，另外有人负责收边，这样效率会更高。

第二次世界大战期间，丰冈市曾经生产了上百万只士兵用的行李箱，如今却几乎收不到什么订单了。因为在当今时代，柳编行李箱已经不再是生活必需品了。

即便如此，包袋制作依然是现在丰冈市的支柱产业。虽然产品的原材料变了，但当地依旧在持续生产旅行用包袋，还灵活运用了长期积累下来的经销渠道。

说回柳编饭盒。柳条编成的饭盒透气性好，就算是夏天，带出门的食物也不容易变质，吃起来依然美味。不过如今也都被塑料饭盒替代了。柳编饭盒就算掉在地上也不会破损，这耐用又便利的便携容器，如今却不再有人用了。

但柳编的技术依然存在。如果有订单，也可以进行制作。

不过本地手工艺人们制作的饭盒现在都被当作工艺品看待，一个要卖 10 000 多日元，已经不再能被称为日用品。但也不能说成为工艺品之后的柳编饭盒就比以前的更好，理由很简单，没有优质的原材料了。

过去，尖叶紫柳种植曾作为一大产业，被大面积栽培。但现在只是为了维持传统，在小范围内进行种植。就在这凤毛麟角的产量中，专家们还要根据生产对象对原材料进行筛选，大量的柳编艺人还要竞相争夺这些原材料，才能最后制成成品。曾经，日本多数手工艺作品的精髓都在于如何对原材料进行活用，而如今原材料供应有限的情况下，自然就很难有高品质的成品诞生了。

丸冈女士和田中先生都发出了这样的感叹：

“柳编的工具也就那几样。还有就是这活计只能在特定的季节里干。不过无论是谁，多编几个都能上手。唯独现在好的原材料……再也见不到了。”

“就算我们想多做一些，也没有人下订单啊。”

事实就是这样，对于工匠们来说，如果没有了可以使用的原材料，又没有订单的需求，再好的成品也做不出来。

如果要用在以前连三等品都算不上的材料来制作优质的作品，当然是非常残酷的事情，但如果搭上自己精益求精的手艺还不能做出满意的作品，手工艺人们就真的要悬梁自尽了。

如今店铺里陈列的都是大量从中国进口的饭盒，外形和我们的一样，但价格还不到我们的五分之一。游客也好，对民间手工艺感兴趣的人也好，都会被材质的特别之处吸引，忍不住将其收入囊中。

但见到此情此景的本地手艺人却都会感叹“这和柳条手编工艺可是两码事啊”，民艺再生之路可谓前途艰险。如果是出于兴趣使然，或是为了保存这门手艺而开设手工艺学习班，或许能将技艺的精细之处传承下去，但如果要走上产业化的道路，就很难保证每一件成品都达到细致的完成度了。

普通人家中的塑料制品不断增多。塑料制品易清洗，既干净又不漏水，自重轻也够结实，而且还便宜，优点简直数不尽。

这就是我们选择生活日用品的标准，就算是曾经如此普及的柳编工艺，在这样的筛选标准下，只经历了一代人的时间就消失殆尽了。柳编手艺人们都还健在，曾经用过柳编饭盒的人们也都还在，柳编器物却消失了。消失的不只是器物本身，种植尖叶紫柳的人们、栽培尖叶紫柳的技术，也都一并消亡了。

静冈县挂川的葛布织布匠

制作葛布的匠人如今真可谓寥寥无几了。

或许现在不知道葛布为何物的人也不在少数，但直到昭和四十年（1965 年），葛布纺织业还兴盛一时，常被制成壁纸或隔扇纸出口欧美。

制作葛布的原材料是野生山葛。

在日本国内，任何山间、原野上、空地上、高速公路两旁的土坡上，都能找到山葛的身影。从盛夏到入秋，你有没有见过豆科植物特有的蝴蝶形的紫色花朵一丛丛盛放呢？在小灌木丛或森林的入口处，总能看到成片的山葛，充满着顽强的生命力，覆盖着大片树林。山葛的叶子很大，上面生有细毛，向四面八方缠绕生长的藤蔓散发出让人意想不到的甜甜香气。从这山葛的藤蔓中抽出纤维，在织布机上织出的，就是葛布。

葛藤的攀附能力简直让林业从业者们欲哭无泪，就连光滑的电线杆都要安上特殊的装置才能防止被葛藤缠上身。但谁能想到生命力如此强劲的山葛中抽取出的纤维竟会如此纤细甚至富有光泽。

这种从植物中提取的纤维，其优雅的光泽丝毫不输蚕丝，所以被用来制作上下身分开的礼服或是玩蹴鞠游戏时穿的裙裤等。

但葛布的应用并不限于各种仪式用的服装。由于葛布不怕水，所以也被用来缝制成坐垫套、门帘、手提包、帽子等各种日用品。

尽管如此，静冈县挂川市从事葛布纺织的人家也只剩四家而已。

川出茂一先生（1922 年生）就是其中之一，他作为“川出幸吉商店”的第四代传人，继承了家里的葛布纺织事业。虽然山葛在日本随处可见，但尤以挂川市的葛布产业用得最多，时至今日依旧如此。相传，本地制作葛布的传统可以追溯到镰仓时代。

传统和历史与当地风土相结合，培育了本地的技术和工匠。

制作葛布要经历两段截然不同的工艺流程。

首先要从葛藤中取出纤维，然后再用葛麻纺出葛布。

将葛藤制成线的工序被称为“做葛麻”。让我们先来详细了解一下这个工序的步骤吧。

第一步当然要从采集葛藤开始。采集工作要在仲夏进行，每年 6 月至 10 月都可以采集到当年生长出来的葛藤，通常采集的是爬地生长的“爬地葛”。缠绕树木或植物生长的葛藤被称为“爬藤葛”，这种藤无法抽出笔直的丝，不好处理，所以无法作为原材料使用。而如果错过了采集的时节，藤蔓的纤维里会出现杂质，也就无法用来纺线了。

采集的葛藤一般有小孩手指那么粗，从根里能长出六七米长。为了得到优质的原材料，采集者们顶着盛夏的酷暑，在灌木林或草原上收割爬地葛，也算一项非常辛苦的重体力劳动了。

在各种各样的工作中都有从长期经验中总结的理论。这些理论是在长时间的试错过程中推导出的结果。就拿收割葛藤这件事来说，人们就总结出了判断藤蔓优劣的标准。

优质的藤蔓要满足以下条件：

长得快的；

没有分枝的；

长的；

粗的；

藤蔓上“关节”与“关节”之间距离较远的；

“关节”的位置较低的；

生长在土地肥沃的地方；

生长的地方有绿荫庇护；

藤蔓颜色呈黑紫色或绿色的；

藤蔓直到末端都几乎一样粗壮的。

而遇到以下情况藤蔓的质量就堪忧了：

经历了持续降雨之后的藤蔓，“关节”处会变黑；

生长在高地上的葛藤颜色也偏暗；

尽管颜色呈绿色，但如果藤蔓上没长出细毛，这种葛藤会不饱满，抽丝的效率不高。

要采集优质葛藤，可不能等着天上掉馅饼，在藤蔓生长之前要及时割去以前的老藤，这样才有助于新藤蔓的长势，促进葛藤发芽。

葛藤的采集只是制作葛麻的第一步。

将采集来的藤蔓做成葛麻，虽然只是农户们的农闲副业，但大家都心照不宣地一代代传承着这门手艺。

关于这门手艺，你总会听到人们说:“好线能卖好价钱。”

如果提取的葛麻量够多，就可以换回金钱；但如果葛麻的质量不佳，那以后的生意怕是就要断送了。所以，为家中的长远利益考虑，如果还想让子辈、孙辈能从事这个工作，最好还是用心做好自己手上的活计。

于是这种心态就会体现在具体的葛麻制作过程中。

采集来的葛藤先要摘去藤蔓上的叶子和各种垃圾。摘叶子的时候一定要从根的方向往藤蔓生长的末端摘，虽然逆向撕更容易摘下叶子，但这样会伤及藤蔓的皮。

为了不伤及纤维，就算麻烦一些也一定要从根的方向摘。制作葛麻的所有步骤都要以保护纤维为首要原则。

摘取叶子之后的藤蔓按照粗细分组，每组凑齐10根左右捆成环，放进沸腾的锅里煮。煮完之后藤蔓会由紫色变成鲜艳的绿色，然后再变成黄色，这时就可以捞出锅了，再浸泡到靠近岸边的清澈水潭里。

与此同时，在地上挖一个1米见方、深30厘米的坑，铺上芒草之类的杂草，放入从河里捞上来的藤蔓，表面覆盖上一层杂草，再盖上一层塑料膜，让它发酵。

如果此处用了艾蒿或是蒲公英，葛藤的纤维会被染成黄色，所以必须避免使用这类植物。要让葛藤在封闭的空间里，保持浴室一样温暖的温度，持续发酵两天，温度太低或太高都不行。需要人为控制发酵的温度，确保发酵过程均匀平稳地进行。

如果在水煮的过程中，或是在发酵的阶段温度没有控制好，会影响纤维的韧性，所以一定要非常小心。

发酵完成后葛藤会变得像烂泥一样，取出之后再用清水浸泡，把腐坏的表皮洗掉，这个过程称为“洗藤”。只洗掉外部较粗的表皮，留下的里面一层富含纤维的软皮，也被称为“韧皮”。韧皮中的纤维含量高，韧皮发达的植物也被称作“韧皮植物”，常被用作线、纸张、布匹的原材料。

外皮已经去掉了，其实制作葛麻只需要用到韧皮，所以葛藤的芯也要抽掉。

从根部往上十几厘米处剥开，将韧皮从木质芯外抽离出来。到了秋季，芯和韧皮之间会长出棉絮状的物质，这会影响生产出来的葛麻的质量，所以一定要在那之前完成剥离韧皮的工序。

如此收集到的这些韧皮就叫作“葛麻”。

然后要再一次把这些韧皮清洗干净，这个操作称为“洗麻”。经过多次洗涤的葛麻已变得非常干净了。“麻”本来泛指的就是各种麻类植物，但各种植物纤维制成的麻线也被称作“麻”。

如前文所述，葛藤从采集之后经过了多次水洗。至于为什么要经过这么多次洗涤，看到多次清洗后的葛藤纤维你就能理解了——纤维洁白而富有光泽。最后，还要将纤维放入米糠水或米汤中浸泡一晚。

无论是哪一步工序，都必须留意控制好不要让纤维变黑或韧性变差。

从米汤中取出的纤维，再次经过清洗、干燥，葛麻就算完成了。要提取 1 公斤的葛麻至少需要采集 50 公斤的葛藤。就为了获得这五十分之一，必须要经过所有这些工艺流程，费时费力，费心费神，还要考虑温度管理等各种细致的操作。而这一步步的操作都是前人一丝不苟地不断重复并继承下来的。所有努力都是为了获得一条美丽的葛麻。

制成的葛麻也分为几个等级。

优等品：强韧，不分叉，不掺杂黑色，无垢，无暇，颜色呈纯白或微微泛水蓝色，富有丝绸一般的光泽，长度要在三米以上。

上等品：比优等品的光泽略逊一筹。

中等品：尽管具备强韧度，但不能完全满足优等品的所有条件。

纤维的强韧性如果不达标就无法结成线，那就完全没有利用价值了。

然后，要将葛麻分成细丝、打结，做成长长的纱线。这个步骤会用到针，用针分开葛麻的纤维，拉出细丝。

一般用于机织的线都会用“机织结”连结，而用来织葛布的葛麻则有“葛麻结”的特殊打法：打结的两条线的线头顺着同一个方向打成结。将这样结成的长长的葛麻线绕在一次性筷子上，呈“8”字形绕满。

我听说 1995 年的时候，1 公斤葛麻成品的价格为 15 000 日元，一家农户一季靠制作葛麻能挣到上百万日元。乍一听这收入真是多得惊人，但细算算，为了赚到这 100 万日元需要收集 3 400 多公斤的葛藤呢。像这样从事葛藤制作的工匠集中在挂川最远最北的地区，在仓真和樱木各有 6 人，总共也就 12 个人。

不同的人生产出来的线粗细不同，各有特色。纺布工的手能将这些特性发挥出来。

做好的线会被送给织布工，即委托制麻的川出先生手上。葛麻线会在这里经过各种各样的纺织，被制成各类商品。

织葛布要用到织布机，但经纱通常用的是麻线、丝线、面线、聚酯纤维等葛麻以外的纱线。将卷成“8”字形的葛麻从筷子上解放出来，把线弄湿之后引入梭口，作为纬纱穿梭于经纱之间。

干燥的葛麻线用来织布容易断，所以沾湿之后一定要一气呵成织完才行，而且和其他织物不同的是，葛麻独特的光泽一捻就没了，所以葛麻线上机之前不需要捻线。

接下来就是梭子在经线中穿梭，每穿过一次，就增加了一条葛麻线的宽度，葛布就是这样一寸一寸靠手工织成的。

以前单是在挂川市就有40家葛布作坊，但到了1995年就只剩4家了，究其原因，就要说到昭和三十五年（1960年）左右出现的韩国生产的低价葛布，一举抢占了市场。韩国原本是向日本出口葛麻，他们自然就会想到在本国发展成品制作工艺，而日本的人工费用又贵，自然就失去了竞争力。

这也不是单单存在于葛布纺织业的问题了。纵观所有行业，日本的人工费用都是高昂的。虽然高收入使生活得到了改善，但收入增加却使日本人的生活和思考方式发生了巨大改变。

我采访的时候，制作葛麻的手工艺人以70多岁的女性为主，也有60多岁的“年轻人”。川出先生的儿子会将这份事业继承下去，孙子也对这个工作有兴趣，川出先生也想让他试试。但采集山葛及制作葛布是如此艰辛，各道程序又都那么复杂，要如何传授其中处理手法的精妙之处也是一大难题。

富有独特光泽的葛布，不经过从采集开始的繁复程序是无法做成的。另一个重大问题就是：清洗葛麻所需要的水质清澈的河川以后还会存在吗？虽然山葛在日本几乎随处可见，唾手可得，但如果失去了能将之活用的手艺，山葛这种日本传统秋季七草之一怕是只会被人们当作碍事的杂草。

对马的手工鱼钩手艺人

钓鱼现在正当流行，钓具店里琳琅满目地陈列着各种工具。日本制造商的渔具又便宜，性能又好，在海外也广受追捧。

鱼竿、鱼线、浮标等钓鱼必备工具可谓琳琅满目、品种繁多，但钓鱼最关键的工具还要数鱼钩。针对所要捕获的鱼的种类和大小、钓鱼的季节、海钓还是岸钓、鱼饵的种类、捕鱼的方法等，所用到的鱼钩都不尽相同。而且各地鱼钩都有不同的形状和名字。

举例来说，在《日本水产品捕获志》中记录的“当代关东地区的鱼钩”类目下，就介绍了方角钩、行田钩、田边钩、圆角钩、神轿钩、加宽方钩、阿布米钩、稻妻钩、加宽圆角钩、狐钩、长柄钩、袖钩、竖柄斜底钩等各式各样的鱼钩。这还只是关东地区其中一部分鱼钩而已。

从鱼钩造型的变化或许也能看出捕鱼技法的发展历程。

每个人钓鱼都有自己的方法，能钓到更多鱼的技法自然会普及开来。渔夫的工作就是要保证自己一直都能比别人钓到更多的鱼，为此他们必须不断改进自己每天钓鱼用的工具。因为哪怕是鱼钩造型上微小的差别也会对渔获产生影响。

钓鱼就是这么一件精细活，钓鱼的人总是热心钻研其中的巧妙，而渔夫就是得靠真本事吃饭的一门手艺。

我在大分县佐贺关町拜访了当地捕鱼技艺数一数二的渔夫，他向我解释了为什么自己的儿子没有继承这门手艺。

“我儿子之所以没有成为渔夫，就是因为他没有这份灵性，头脑不够聪明是当不了渔夫的。海上洋流的情况也好，风向风速也好，鱼群的状态也好，没有一天是一样的。要对这些因素进行判断，及时做出反应，还要按照自己既定的想法把鱼钩抛进海里，没些头脑是绝对做不到的。所以我儿子最后还是去公司上班了，做一个照吩咐办事的职员他还是可以的。”

基本上每个渔夫都会亲手给鱼钩加上假鱼饵，他们在买来的鱼钩上倾注了自己的想法，精心打造出属于自己的假饵鱼钩。以前各个地方都有制作鱼钩的手艺人，各家做的鱼钩都各有特点，还会有自家的品牌，他们会根据渔夫们细致的要求，为他们制作得心应手的鱼钩。

现在鱼钩大都由制造商或分包工厂批量生产了。

当今日本还在坚持从头到尾全手工制作鱼钩的也就只剩下一个人了。

长崎县对马市严原町“满山钓具制造所”的满山泰弘先生（1947 年生）就是那个可以独自完成十二道工序的鱼钩手艺人。满山钓具制造所创立于庆应元年（1865 年），满山先生是第四代传人。作坊的招牌上之所以写着“钓”具制作所，是因为当时鱼钩就被称作“钓”。

虽说现在市面上各种属性的铁材都一应俱全，但在江户末期，在满山钩的缔造者刚开始创业的时候，炼铁似乎还是一件颇为不易的工艺。

作坊里现在还保留着有关满山钩演变历史的记录。第一代满山钩是用纯铁线制成的，制成后的鱼钩拿去试用，结果发现容易拉伸、扭曲、折断，根本算不上好用。后来用上了风箱，把成块的钢铁放进火里煅烧，再做成鱼钩。这样制成的成品固然好，但既费功夫，成本又高。所以第二代传人接手作坊的时候，找到了在纯铁的铁线上加入碳元素使其钢化的方法，这使满山钩的工艺更为完善了。

可见以前光是为了制作鱼钩而打铁就已经费尽千辛万苦了。

现在虽然各种成分的钢铁线材都唾手可得，但从加工方法乃至锻造的过程来看，制作鱼钩的手艺还是一代代继承并发扬着传统。

制作鱼钩的流程大致可以分为两个阶段。一是打铁，二是加工。加工工作包括调整鱼钩形状、将钩尖磨锋利等精细工艺。

满山先生的工坊就建在家宅旁边，为了配合制钩的两个阶段，工坊的构造也分为两个区域。一间备有风箱、火炉，用来打铁。旁边一间用来对鱼钩进行加工，面积有四叠半[1]

1 “叠”，面积单位，一叠约为 1.62 平方米。

（约 7.3 平方米），地上铺着木地板，里面摆放着一张结实的工作台，上面放着加工用的重要设备。

工坊的初代创始人也在这张榉木制成的工作台上工作过，工作台还附有可供四人同时使用的研磨台。以前工人们就是这样并肩工作的，现在只剩下满山先生一个人坐在作坊主的位置上干活儿了。

虽说鱼钩的形状和大小会根据订单的要求稍做调整，但基本的形状就是保持了一百五十年的“满山型”。尺寸上从十三号之类的小鱼钩到能钓起金枪鱼的大鱼钩都有。

十三号也被叫作“寸三”，因为把鱼钩拉直之后全长一寸三分（约 3.9 厘米）。十五号就叫“寸五”，展开有一寸五分（约 4.5 厘米）长。

满山先生为我们介绍了制作鱼钩的全过程。

制作满山钩的原材料是钢琴线。根据要制作的鱼钩大小，取相应尺寸的钢丝，一般剪取一个钩两倍的长度即可。一般从原料供应商那儿送来的钢材都很硬，锯子未必锯得断，所以钢材要先“蒸烧”一个晚上，用不温不火的中火把钢丝整个烧透。烧过之后的钢丝多少会软一点，锯子也就好锯了。

将蒸烧过的钢丝剪成小段，每一段的长度应比两个成品鱼钩的长度再稍微长一些。留出长度主要是为了后道工序中敲打延展时方便操作。在切下来的钢丝正中间划出印记，把两头磨掉，使所有钢丝长度一致。

这一系列准备工作完成后就可以进行打铁的工序了。满山先生打铁的那个房间就像是铁匠铺的缩小版。有一个只够放进鱼钩的小火炉，左边放着给火炉送风用的风箱，右边放着铁砧、盛满冷水的水槽，还有装着山茶花油的油壶，这些都是淬火时要用到的工具。面向火炉的地面上挖出了一个沟槽，上面架了一块木板，那就是作坊主的座位。

打铁的工作始于“烧火”。

把切好的钢丝 10 根为一组放进火炉里烧火。前期之所以要准备好两倍长的钢丝就是因为如果在长度上不留余地，烧火的时候操作起来就很不方便了。

风箱不断向火炉送风，裹了碳素的钢丝在炉中又红又热，又从红色变成黄色，在钢丝逐渐变得透明的时候将其取出，放在铁砧上，用钢锤在两头敲打出鱼钩尖端像尖头一样的回钩处（满山先生把这个部分称作“小月牙”），中间要打出能连接鱼线的钩把。这里用到的钢锤，其材质是可以拿来打造日本刀的玉钢，锤把儿的位置不在正中央，而是非常靠后。据说必须是这样造型的锤子才好使。

这个步骤必须对一枚一枚鱼钩分别敲打，途中还要不断过火。

在此期间，全凭经验观察火苗的颜色来判断温度，并进行调节。经过这个环节之后，钢丝虽然还是直的，但两头已经出现了回钩，中间也出现了钩把的原型。根据订单数量的不同，这个步骤可以同时进行100支到200支。

烧火结束之后，钢丝要在炭火中静置一晚“闷烧”，因为此时的钢丝还是太硬，不好上锉也不容易挝弯。由此也可见作为原材料的玉钢有多硬。

经过一个晚上在木炭里的闷蒸之后，先要用钳子把钢丝沿中间折成两段。从这里开始，往后的工艺就要去隔壁的精加工车间里，由师傅们正襟危坐在工作台旁进行了。

工作台上放着可以打铁的平台，先要把钢丝都打得笔直，然后再用半圆锉、尖头扁锉、三角锉这三种锉刀来磨出“小月牙”。

因为操作的对象是只有两毫米粗、几厘米长的钢丝，所以这项作业单靠手拿的话稳定性是不够的。此时就要用到“钩夹”这种设计独特的夹子来固定住钢丝，再进行操作。

无论是直线或回钩的尖端，还是回钩处要磨成新月样的“小月牙”，锉刀下的分寸都得靠师傅的直觉和目测来判断。为此，窗户和工作台都有特别的讲究，确保工作时能有柔和而明亮的光线。做好的鱼钩也要放在一块玻璃板上检查，哪怕有一点变形或弯曲都要进行修正。

当钩把和回钩都锉磨好之后，鱼钩的雏形就有了，只不过还是拉直的状态。

接下来就要按照渔夫指定的形状进行挝弯了。挝弯要用到根据所需曲线制成的铁质模具，把这个模具安装到一个橡木做成的、像一个大号衣夹的“造型钳”上就可以开始操作了。

虽然只是夹住回钩的部分进行挝弯，但必须保证力道均匀地施于整个鱼钩上。挝弯中用力大小的细微差别对鱼钩成型来说是关键的要素。大致雏形挝完之后，还要用前端带凹槽、后边带手柄的“挝弯推”来对鱼钩的造型进行细致调整。这个过程全凭经验和直觉，是一项枯燥的劳作。

满山先生会根据渔夫寄来的样品比对所有成品，确保制成的鱼钩和样品一模一样，尺寸没有分毫差错，就像模具里铸出来的一样。对于训练有素的眼睛和双手来说这道工序简直易如反掌。

至此，细加工的工作暂告一个段落，鱼钩将再次回到打铁房，继续下面的工序。

成型的鱼钩要进行淬火。这是为了让鱼钩变得更强韧，不易折断、变形或被拉直。

这次的淬火将决定鱼钩的受力强度。

单靠鱼钩的造型是钓不到鱼的，鱼本身有重量，咬钩之后会拼命挣扎，再加上水流也有阻力，所以鱼钩必须能死死地钩住鱼，并经得起受力。

淬火要用橡木之类既柔软又能把火烧旺的木炭，再配合风箱送风，把火苗烧到通红。要看准时机，将淬火后的鱼钩取出，放进火炉边的山茶花油里。山茶花油都是本地出产的，放进油里的瞬间，火焰会蹿上来。观察火焰的状况，算好火焰熄灭的时间，再把鱼钩放进旁边准备好的寒水里。一定要用寒水金属才不会腐坏，寒水就是师傅在冬天里储存下的雪水。

这样，第一次淬火就完成了。但此时的鱼钩虽然够硬，但太脆，铁锤一砸就断了。所以要再回炉烧炼，然后自然冷却。这样回火之后，让鱼钩获得适中的强度——既不像铁那么脆，也不像原材料的钢丝那么硬。

这样回炉烧过的鱼钩会包覆上一层山茶花油烧干而形成的黑色油膜。这样直接进行电镀是镀不上去的，所以要把鱼钩放在装满沙子的石碾子里搅动，使油膜脱落。磨光后的鱼钩就可以镀锡了。镀锡是为了防止生锈，而且金属光泽能吸引鱼上钩。

一次可以同时电镀 10 枚左右的鱼钩，所以电镀只能小规模进行操作。取一个小碗，或是其他陶瓷容器，放入锌，再注入盐酸，然后将鱼钩放进电镀液中。另一边，在小炭炉上架一个小铁锅，在里面把锡熔化。把电镀液里浸泡过的鱼钩放入铁锅中，让锡充分附着之后取出，放在石板上敲去多余的锡。这个工序在院子里进行，敲打的时候鱼钩会弹落到地上。最后要将四下散落的鱼钩都拾起来，用水洗净，用布擦拭，就大功告成了。

完成以上这一系列工序需要三天时间。如果想要同时制作几种类型的鱼钩，那就要统筹打铁、加工和淬火等工序，这样总共会需要五到七天的时间。

鱼钩虽小，但制作鱼钩的过程不但需要手艺人分毫不差的技术，打铁时要有观察火焰颜色的目力和直觉，最后电镀时还得懂点化学。

这样制作出来的鱼钩，以钓鲷鱼的鱼钩为例，每百枚鱼钩的定价是 25 000 日元（1995 年时的价格），这样算来一枚鱼钩就是 250 日元。市场上同样大小的工厂量产制品一个才六七十日元。可见满山钩的价格是同类商品的 4 到 5 倍。

对此，满山先生如是说道：

“也不能说工厂大批量生产就不好，但批量生产中总难免会出现次品。自己做的鱼钩每个都会格外细心，所以出现次品的概率就很低。一名专业捕鱼人钓上一条鲷鱼可以卖出四五千日元，但如果咬钩的鲷鱼因为鱼钩的一点点残疵让鱼跑了，那就竹篮打水一场空了。以捕鱼为生的人赌上了每一条鱼的收成，才能逐渐累积自己的专业口碑。所以用没有残疵的鱼钩岂不更好？”

“残疵”是渔夫们的行话，指的是鱼钩出现折断、变形或者开钩等状况。

如果能用到没有残疵的鱼钩，还可以根据自己的想法对鱼钩进行定制，就算价格贵个四五倍也不为过吧。所以无论是觉得物有所值的渔夫，还是慕名想要试试满山钩的业余钓鱼爱好者都会发来订单。据满山先生说，就算不去找新的订单，也不在市场上贩卖，只靠现有的订单也能维持生活了。

但这个活计一干就是跪坐一天，精神高度集中，而且就算全神贯注地工作，完成100枚鱼钩平均也需要两天到两天半的时间。这些成品换成钱也就25 000日元而已，所以这根本不是能赚钱的行当。

“正因如此，大家都弃业了。”

满山先生的父亲在世时已经是日本唯一一个纯手工制作鱼钩的工匠了。在那之前，在土佐和岐阜地区还是有这一类手工艺人的，但随着工厂量产商品的出现，大家都放弃了这门既赚不到钱又劳力费神的营生，就再没有人经营这门手艺了。

满山先生则提到“要延续传统手工艺”这一重大议题。但单纯为了延续传统是无法将技艺传承下去的，满山先生背后还有无数渔夫，正因为还有这些使用者，技艺才会得以流传。

等到满山先生的儿子能和他共同继承这门手艺的时候，数十年来都只有满山先生一个人身影的作坊里，又将迎来一位新的手艺人。

鹿儿岛的手编簸箕

在日本，几乎每户农民家里都有簸箕这种农具。不仅过去是这样，现在也依然如此。在储藏室或谷仓里，你总能看到墙上挂着簸箕。当黄豆或赤小豆等作物丰收之后，就要拿着簸箕开始筛拣的工作了。簸箕就是用来把收成和空壳、杂质等分离开的工具。把混有空壳、杂质的豆子或大米放到簸箕上，左右摇晃一番，藏在沉甸甸的豆子或大米里的杂质或空壳就会被筛出来。用过的簸箕吹一吹抖一抖，杂质和灰尘就都掉落下来了。虽说只是一样简单的工具，但簸箕也是无可替代的必备品。

各地用来制作簸箕的原材料各不相同，但造型却大都一样，形状就和扫灰尘用的簸箕差不多，但尺寸要再大一些。

为了方便捞起豆子或米，同时也为了方便摇晃，簸箕的开口要设计得比较宽。需要有一定程度的摩擦力，同时又要保持一定程度的光滑度才行。簸箕的宽度要配合日本人的肩宽，质量要轻，确保长时间操作也不累手，当然还要保证足够结实。制作簸箕必须要满足以上这些要求。

我见过全国各地各式各样的簸箕。

见得最多的是竹编的簸箕。如果去日本的东北地区，还能见到纵轴选用藤蔓，横轴选用色木槭或毛漆树做成的薄木条来编织的簸箕。有些地方的簸箕纵轴会选用柳条来编制，有些地方会用刚剥下的树皮趁还新鲜的时候就编成簸箕，近年来还出现了用扁扁的塑料打包带编成的簸箕。

这众多簸箕中，手工最为精细的要数住在鹿儿岛县日置郡金峰町的时吉秀志先生（1913 年生）所做的簸箕了。他出生和成长在阿多地区，那里有一个几百户人家的村落，据说其中有半数家庭都以编簸箕为生。但当我在 1993 年到访吉先生工作的地方时，当地能按照原来的传统方法编簸箕的人只剩三个了，而真正将编簸箕作为一份职业的，就只剩下时吉先生一个人了。

至于为何只剩他一个人，时吉先生给出的理由是这样的：“要去采集植物，再将植物加工成能用作编织的原材料，然后进行编制，这是个辛苦的过程。于是大家都不干了，就只剩我一个人了。”

时吉先生用来编簸箕的材料有日本山樱的树皮、金竹（蓬莱竹），边缘用笔罗子（野枇杷）、野柿子，还要用藤蔓来封边，固定边缘。时吉先生骄傲地认为，只有这些用各种材料组合编制成的簸箕才称得上是真正的簸箕，他还说："那些单用竹编的都不能算是正宗的簸箕。”所以他们和竹编手艺人之间也有默契的共识和分工。时吉先生说，他们不会去插手编筐箩或是其他竹编的活计，而竹编手艺人们也不会拿山樱、野枇杷、藤蔓来编簸箕。

在编簸箕的工作中，原材料的采集和准备占了很重要的比例。时吉先生会从专业的采集者手中购入封边所用的藤蔓，而其他材料都还是由他自己进山采集。

时吉先生身体还硬朗的时候，就连藤蔓也是他自己进山去，在祖祖辈辈口口相传的地点进行采集的。时吉先生学习手艺的第一课就是跟着父亲一起走进山里，学习哪里生长的哪些藤蔓比较好。采集藤蔓只需要每隔四五年进行一次，在同一个地点采伐就可以。有关原材料采集的其他问题，将在后文中另作阐述。

时吉先生编簸箕所需要的材料跟只用竹条编簸箕的做法完全不同，可以拿秋田县的簸箕制作工艺来对比说明。秋田县没有竹编工艺所需的竹子原材料，没有桂竹、毛金竹，也没有孟宗竹，只能用色木槭或毛漆树的木头，切成细条，再削薄，制成带状的手编原材料，用来编织箩筐或背篓（挂在腰间或背在肩上，用来装蔬菜或饭盒的容器）。

时吉先生用“金竹”来编簸箕的底部，其中再编入日本山樱树皮做成的细条。时吉先生把这些山樱树皮做成的木条称作“皮”，这和秋田县手编簸箕艺人的叫法不谋而合。簸箕的边要靠绳子缠绕着野枇杷皮，固定成形，最后要用藤蔓将边缘和底部连接到一起。

“金竹”在日语中的正式名称是“蓬莱竹”，原产于东南亚和中国，在鹿儿岛也有自然生长。时吉先生说：“一株大的蓬莱竹的茂密程度能遮盖八叠（约 12.96 平方米），以前都种植在山的边缘处。”

这种竹子长起来很快，三个月就能长成一人高，对手编工艺来说，最好的是长到第二年的竹子。皮薄，韧劲足，来回折也折不断，所以最适合拿来编簸箕了。

“其他竹子都太厚了，没法用。”时吉先生这样说道。

因为这种竹子生得密，风吹来吹去枝叶容易划伤树皮，虫子就会在树干上打洞，如果树干里面形成积水就不好了。所以要注意，只取树干上最好的部分来做成细竹条。从前要是有朋友去山里，也会拜托他们把竹子砍成粗竹条带回来。要把竹子加工成细竹条要经过三个步骤，第一步就是要把竹子劈成粗竹条。粗竹条拿到手之后还得再进行削制，做成细竹条。还有一个步骤，小朋友也可以帮忙，就是拿着父亲劈开的竹子，刮掉内侧的囊。

时吉先生会根据簸箕的使用场景选择竹皮的外侧或内侧来编制。外侧较为光滑，可以方便米粒或豆子滑落，内侧则有防滑作用。

簸箕的边缘一定要让人拿起来顺手，又结实又轻巧。选择用山樱皮，是因为它质地柔软，可以任意弯曲，又不容易折断。而要将山樱皮作为边缘固定住，就得用藤蔓了。藤蔓也要从山里采集来，但如果直接拿来用的话太硬了，所以要用打草的木槌敲过，让它变柔软之后才能使用。

标准尺寸的簸箕宽为二尺，约 60 厘米，这当中大概需要用到二十根山樱皮。一根山樱皮的宽度为一间，所以一个簸箕二十间算是一个标准。

时吉先生编制的簸箕非常耐用，用上个二三十年都不成问题。

在秋田县，簸箕中与底部相接的部位被称作“墙”，把削成细条的藤蔓当作纵轴，横轴则选用色木槭或山樱皮，以编草席的方法编制而成。簸箕兜底的位置被当地人称作簸箕的“脚后跟”，加入的山樱皮不仅能起到加固作用，还能成为一种装饰。

秋田簸箕的边缘用的不是山樱皮，而是弯根竹。弯根竹在日语中的正式名称是“千岛箬竹”，多生于积雪地区，可以长成绵延二三十米的竹林。制作秋田簸箕的边缘要用到两根弯根竹的茎杆，再用色木槭来封边。在秋田，编簸箕是竹编艺人的工作，有关竹编的话题会在之后的篇幅中另作详述。时吉先生等人则专做簸箕。

说起编簸箕，我就想起三角宽先生（1903—1971）曾在学术论文中提到过山里人家组成的“山家”团体从事手工艺的往事。时吉先生告诉我，听说祖先们编簸箕的手艺也是从山家团体那儿学来的。说起编簸箕所用到的一把双刃短刀时，时吉先生介绍说，这种工具在山家人口中被称为“梅花刀”。

时吉先生用到的工具中，最有特色的要数“簸箕刀”了。簸箕刀是用坚硬的橡木削成的木刀，样子有点类似“出刃刀”[1]，但与出刃刀相比，从刀刃到刀背的宽度更大一些，刀背也更厚，就像一个锐角三角形柱体加上一个刀把儿。

时吉先生说为了用得称手，方便调整用力，这把刀是他自己做的，虽是把木刀，但又坠手又锋利。时吉先生还说：“这把刀已经用了差不多四十年了，这刀刃近十年没‘磨’

1　刃较宽，刀背较厚的刀。

过了，依然很好用。”说着就用刀劈了竹子给我看。虽然也叫“磨刀”，但这根本就是百分百用橡木做成的木刀。经年累月使用的簸箕刀锃亮发光。我在竹编艺人那儿倒是从来没有见过这样的工具，这是编簸箕的手艺人独有的工具。所以怀揣着这把刀也让他们感到无比自豪。

制作簸箕要用到的其他工具还包括剪竹子或藤蔓用的剪刀、用来方便藤蔓或细竹条穿过的粗针（制作草席时用的粗针）、处理山樱皮时用到的普通小刀（手艺人们将它称作“灌木刀”），还有砍山樱皮或竹子时用到的镰刀，这些用的就是市面上出售的一般制品。

鹿儿岛县金峰町现在以手编簸箕为生的就只有时吉先生一个人了。

这个活干起来很辛苦，采集原材料也不容易，加上还要经历严苛的学艺之路等，时吉先生列举了诸多原因来解释这门手艺如今的现状。他还提到山樱皮现在尤其不好找。接下来就说一说有关材料的问题。

时吉先生之所以会成为最后一位手编簸箕艺人，并不是真的因为材料供给变得稀缺，究其背后，还有更深的原因，那就是人们对簸箕的需求消失了。

如果需求旺盛，供给的人也会想尽各种办法去寻找新的资源，然而现在会手编簸箕的三个人和以此为生的一个人所面临的结局只能是成为非物质文化遗产。

当我采访时吉先生的时候，他有一个 40 岁的儿子。虽然儿子也在帮忙做手编簸箕的活计，但时吉先生却严厉地评价说，儿子无法成为独当一面的手艺人，这也是因为没有充分的工作量让他有机会磨炼和积累自己的手艺。另外，手编簸箕这个手艺能不能称得上是一份可以挣钱的职业也是个问题。时吉先生工作的时候会把所有材料都先采集好，把备好的材料都堆在眼前，编一个簸箕的底部需要三个小时，制作边缘又是三个小时。编好的簸箕依据大小价格略有不同，一个在 13 000 日元左右。但如果算上采集材料和备料这些成本，恐怕也很难算得上是一门合适的买卖。

虽说材料都是从大自然里免费获取的，但耗费的时间成本也不少。要编一个簸箕需要两公斤竹子、三根山樱、两根野枇杷，还要买入每公斤 1 000 日元的藤蔓。

时吉先生最近制作的都是缩小版的簸箕。

秋田县的竹编艺人们也说自己制作的多是装饰用的簸箕。日本风俗中，每当要进行一些神圣的仪式时，都会用簸箕做盛放贡品的器物。所以才会有人定做小型簸箕，作为招财或是祈求生意兴隆的吉祥摆设。虽说是小型簸箕，但用料、制作工序和正常大小的簸箕并无二致，只是不再有实际的用途而已。

于是我们去请教了农民，既然现在不用簸箕了，那他们是如何将豆子中混杂的空壳和杂质分离开的呢？得到的答案是，有机器可以批量进行分离作业。不过即便如此，谷仓里还挂着以前用过的旧簸箕。但簸箕坏了之后，懂得修理的人们大都已经不在了。此外，我们也看到了用塑料打包带替代竹子或色木槭来进行修补的簸箕。

以前，手编簸箕的师傅们会拿着自己编制的成品到附近农家兜售，也会把成品拿到集市上卖，把簸箕直接交到用户的手上。如今这种做法已经不存在了。手艺人们制作出来的簸箕只能作为美丽的装饰品，挂在民艺品或工艺品商店里。

烧炭师

从前，木炭是重要的热能来源。但昭和三十九年（1964年）起，木炭的主导地位就渐渐被煤气和电取代了。

我小的时候，家里还有炉灶，会在里面架着羽釜锅煮饭。用来烧火的多是捡来的短木头，或是杉树的叶子，也有劈好的柴和家里的旧木材。烧尽之后的炭灰都会收集起来，放进耐火的铁桶里，以后还能再用。厨房里有一个小炭炉，在里面生起炭火，就可以烤鱼或炖菜了。要说生活中像这样的日常操作是何时消失的，谁也没有一个定论，不过到昭和三十九年的时候，家里已经接入液化石油气，也用起电饭煲了。

我有个朋友的父亲就是一位烧炭师，当时依旧经营着这门手艺。虽说对于炭的需求并没有完全消失，但当时附近卖炭的地方出售的蜂窝煤和煤球已经要多过木炭了。

这里还要顺便一提的是，平成七年（1995年）时木炭的总产量是31 133吨，而在木炭需求量最旺盛的昭和三十二年（1957年），当时的年产量是220万吨。

在我出生长大的秋田县角馆町，以前旧历新年的晚上有“舞火圈”的习俗。孩子们会走家串户，收集来成捆的米和炭，点上火，用绳子牵着，绕着身子挥舞起来。虽然如今这一习俗又在乡间重新兴盛起来了，但一度也从人们的生活中淡出过。

该习俗一度消失不仅是因为现在家里小孩少了，没什么小朋友会去组成乡里的自治会，同时也是因为如今生活中成捆的米和炭也不多见了。

尽管如此，职业的烧炭师并没有绝迹。

依据平成七年（1995年）的数据显示，木炭生产者有7 633人，产量达到1 000吨以上的地区包括：北海道（5 003吨）、岩手县（6 833吨）、福岛县（1 941吨）、和歌山县（1 733 吨）、高知县（1 088 吨）、宫崎县（1 549 吨）。

在这几个地区中，北海道、岩手县和福岛县出产的几乎都是黑炭，而和歌山县和宫崎县则以出产白炭为主。高知县出产的六成是黑炭，四成是白炭。

是的，木炭还有黑炭与白炭之分。

烧制黑炭，要用土窑，从炭窑的火门放入柴火进行燃烧，随着窑内温度的升高，窑内放置的木头会逐渐变得干燥，等到温度升高到一定程度就封闭通风口，让木头在300—400度的高温里碳化，然后再把气口打开，让空气进入窑内，使温度升高到500—700度，然后再次封闭炭窑，让内部自然冷却，就能得到我们平时使用的木炭了。

而白炭是以备长炭为代表的质地坚硬的白色木炭。烧制白炭用的炭窑要用石头筑起窑体，用土砌成窑顶。前半段操作和烧制黑炭时一样，但最后让空气进入的时候，要让窑内达到1 000度以上的高温，从炭窑里取出烧成略带白色光辉的木炭，撒上“消火粉”，让木炭冷却。经过这一番烧制，树皮已经烧尽了，得到的是质地坚硬，敲击起来能发出金属音质的木炭。木炭表面沾到最后撒上的消火粉（又被称作“素灰”）后会呈现出白色，所以就被称作“白炭”了。

我走访了各地的几位烧炭师，和他们聊了聊，也参观了他们的工作。接下来我们来详细介绍一下其中的两位。

和歌山的备长炭

和歌山是备长炭的产地。有不少村落都出产备长炭，中津村就是其中一处。从御坊市出发，沿着日高川驱车40分钟左右就能到达中津村。中津村最深处有一个叫作“大又”的村落，汤上勇先生（1929年生）就住在那里。

“出生在这里似乎就注定了要成为烧炭师。”

他的父亲、祖父、曾祖父和他的儿子都是烧炭师。

“以前烧的都是黑炭，这些年备长炭能卖出好价钱，于是就一直专烧备长炭了。”

虽然备长炭也和黑炭一样，近年来销量明显减少，但由于大城市里的烤鳗鱼店和烤串店都要用到备长炭，再加上1990年时日本全国因为遭受了低温灾害，紧急从外国进口了大米，只有加入备长炭煮才比较好吃，于是备长炭又开始变得受欢迎起来。还有洗浴用品和健康相关的产品被开发出来，拓宽了备长炭的销路。

烧炭这件事要从上山伐木开始。有时候是烧炭师用自家所有的山头的木材，有时是烧炭师从别的山主手里购买别人山上的木材。至于木材的价格，以和歌山备长炭所用的乌冈栎来说，都是目测着来议价的。

虽然现在一说到备长炭人们就会联想到乌冈栎，但在从前，备长炭似乎都是拿一般栎木来烧的。乌冈栎烧成的木炭被统称为“马目”[1]。在中津村，乌冈栎也不是那么容易弄到的木材，所以有几家烧炭的铺子还在用一般的栎木来烧制备长炭。查看过烧炭铺的出货明细就能发现，出产的木炭被分为“马目”“备长”“杂类”等不同种类。虽然如今的备长炭也会用栎木烧制，但不知为何，近来连字典里，备长炭的原材料也只写着乌冈栎一种。

要推算一个山头上的木材能炼成多少木炭需要烧炭师具备多年积累的经验。我见到汤上先生的时候是 1998 年，那时他已经退休了，由他的儿子——昭和三十年（1955 年）出生的汤上升先生继承父业。

升先生从高中毕业之后就跟着父亲学手艺，已经是有 20 年以上烧炭经验的老师傅了。但“买山”这件事，至今还是由父亲来担纲，因为父亲总是能准确地推算出这片山上的木材能烧出多少炭，实际出炭的时候升先生总会对父亲感到由衷的敬佩。

和山主交涉成功之后，要在约定的期限内完成砍伐，这样就算是买下这山上的木材了。但买下的也只是拿来烧制木炭的木材，山里的其他树木，像杉树、松树、桧木、榉

1　乌冈栎的“乌冈”在日语汉字里也写作“马目”。

木等都是不包括在内的，所以不能砍伐这些木材。现在都允许使用电锯了，据说以前都会规定只能用斧头砍伐，因为用电锯锯过后，新木再生时不容易发芽。

将砍伐下来的木头顺着山势滑下斜坡，再整装到车上运往炭窑所在地。一般会在山上就将木材切割成适合烧窑用的长度再运回来，比较粗的木头运到炭窑会劈成两半或四瓣。汤上先生说，切割的基准是："直径在三寸（约 9 厘米）左右的就正合适，超过这个尺寸的就劈成两半，超过六寸（约 18 厘米）的就劈成四瓣。"

如今建炭窑只要选择方便车辆到达的地方就行了。以前要是在哪里的山头买了木头，就要直接在那附近筑起炭窑，烧制完成之后再去下一个山头买木材，重新建一座窑。为了烧炭，全家人都得跟着迁徙。因为从前不是家家都买得起车，山里也没什么车可以行驶的道路，运输木材不仅耗费高昂的费用，而且还费时费力。

每 10 年到 15 年就可以对一座山重新进行砍伐，有时还能找到前人筑窑时用的石头，就可以把这些石头重新垒起来建新窑。烧炭这门手艺就是这样经年累月、生生不息地进行着。

山上木材的砍伐和生长有一个周期，从前是 10 年到 15 年，但如今有人买了山上的木材就觉得"这山头我都已经买下了”，于是肆意把山上的树都砍光的情况也时有发生。这么一来，这个周期可能会延长到30年。

汤上勇先生说，在同一座山光顾第二次的情况他已经遇到过不少次了，有时也会回到从前跟自己的前辈们一起烧过炭的山头。山林的资源就这样重复被人们使用。

将劈好的木头几根为一捆分别捆绑好。做好这样的准备工作，在烧窑时就能尽可能高效地放入木头。窑一旦烧热了，窑里的余温就是宝，不等窑冷下来就可以烧制下一批炭了。为此，从前的烧炭师会冒着常人无法耐受的高温也要给窑内装木材，还会把窑口开得小一点，这样余温就不容易冷却。虽然辛苦，不过这样确实能烧出好炭。

技艺娴熟的烧炭师能从很小的开口把木头扔到炭窑的最深处，并让它倒立起来。如果窑内温度太高进不去，我也会用这样的方法给窑里添木头。有时也会用“丫”形木头来使木柴排得更紧密。为了让木柴紧密地、没有缝隙地排在一起，木头就一定不能有曲度。遇到弯曲的木头，就要在弯曲处锯开一个口子，往开口塞入一片锥形的、像日本将棋棋子那样的木片，起到楔子的作用，把两边撑开，让木头变直。这个做法称为“垫木”。这样一来，就能确保窑里的木柴装得密密实实的了。

木柴摆放的方法会影响木炭的产量和品质，如果有很多空隙就没法烧出优质的木炭。烧炭就是如此在细微之处见差异的一门手艺。就连炭窑底部轻微的倾斜度，在窑内形成的微小空间也会影响出炭的品质。汤上先生说，一生要能烧出一次让自己完全满意的炭就满足了。烧炭失败的时候，一整窑的木头都烧成灰的情况也发生过。长年累月积淀的经验在烧炭的各个环节中都有着重要的意义，有了经验，才能合理地协调好各种元素，烧出优质的木炭。

如果能烧出好的木炭，从伐木开始的一系列重体力劳动就算有了回报。

升先生的窑是可以出产60麻袋炭的大窑。他既不需要把木头从很小的开口扔进窑里倒立起来，也不用借助丫叉来夹实木柴，他的窑口造得很大，人可以拿着成捆的木头走进窑里去摆放。但窑内温度还是很高的，热到触碰内壁会被烧伤，所以进窑里堆木柴的时候要注意把脸蒙起来，保护好，还要不断给身体补充水分。

窑内的木头放好之后，就可以在投柴口[1]附近开始烧窑了。

在乌冈栎垄断市场的今天，原本用作原材料的栎木只能“大材小用”地被用来当作烧窑的木柴。烧炭师要依据烟的颜色和气味来调节进入窑内的空气。温度上升，碳化

1　此时先要封实窑口，只留出进风口和投柴口。

开始时要通过只有成年人三根手指粗细的小孔来检测和调节碳化的过程。等窑里的状况稳定了还得为下一轮烧炭去山里置办木头。

一次能出多少炭虽说是由窑的大小来决定的，但也会受到天气、温度等因素影响。木炭出窑之前要密切关注火力的大小，所以烧炭师都会彻夜不眠地守在炭窑边。炭窑边也会有小屋，可以让师傅在那里边休息边观测窑的状况。

从堆好木头到烧出 60 麻袋的炭需要大概两周时间。

把烧好的炭从窑里拉出来还需要一种特殊的工具。怎么说也是要从 1200 度的窑内将木炭拨出来，所以要用到附有长柄的铁锹或铁耙，这名称和形状都跟种水稻时耙地用的工具很相似。炭烧好准备出窑的时候可不是能放松下来休息的时候，一定要珍惜每分每秒把烧好的炭赶紧从窑里耙出来。要从窑里取出 60 麻袋炭还是需要一些时间的。有时烧炭师的朋友们会来帮忙，有时也会请临时工。

从窑里取出后尚处在高温的炭要撒上消火粉（两位汤上先生都习惯称之为“素灰”），让木炭冷却。再按照木炭的大小和形状进行分类，然后装箱出货。

备长炭甚至比铁还硬，如果用锯子来切割，锯齿会断掉。所以切割备长炭要放在铁砧上，用并不锋利的柴刀敲击着来切割。

好的木炭会保持木头原有的形状均匀收缩。这样的木炭坚硬，能碰撞出金属般的声音。要烧出优质的木炭，一半靠的是对炭窑本身的把控，还有一半靠的是对气味和烟进行判断，从而调节窑内的空气。鼻子不灵敏的人，或是对气味没有记忆的人是干不了烧炭这个活的。炭窑的底部每次都要重新平整。要根据平整度和倾斜度来调整烧窑的方法。找一张纸片，点着火，放在窑口，看火苗会不会像要被吸向窑内一样翻滚晃动，要通过这火苗蹿动的形态来判断窑底的灰是否平整。要判断只有几毫米最多一厘米的灰是否平整，靠的全是常年积累出来的直觉。

每次烧炭用的木炭都不尽相同，如果想每一次都能烧出同样优质的炭，就只能牢牢记住当初烧成时鼻子闻到的那些许“酸味”。

窑里一旦点着了火，是没法向内张望的，也没办法中途停下来再做调整。

汤上升先生说：“有机会的话，我真想看一看 1200 度的窖里是什么样的情形。为什么自己烧的炭会出现裂纹，会折断，为什么烧出来会有质量好和不好之分。如果我能知道背后的原因，就能减少这些问题了。但直到现在我也还有很多事情没搞清，我时不时就会去向父亲请教，也会请他帮我闻一闻烟的味道。”

随着美食浪潮的兴起，再加上人们开始崇尚健康和自然，备长炭中最顶级的“上小丸”在1995年的农协卖出了30公斤10 000日元的价格。如果保持这一价格，而乌冈栎的供给又能保持稳定，那备长炭应该就能有长远的发展吧。现在已经有从外地来想要学习烧炭技术的人了。一度几乎要消失的备长炭，现在却势头正劲，丝毫没有衰退的迹象。“备长炭”也可以说是以品牌效应取得成功的一个特例。

同样是烧制白炭，我们也记录了宫城县七之宿的佐藤石太郎先生（1921年生）的事迹。

佐藤先生的父亲和祖父也都曾以烧炭为生。他们几代人曾经生活过并在那里经营过烧炭事业的村落，现在已经淹没在大坝的水利工程中了。村子被淹没的时候，石太郎先生带着家人一起来到镇上。但对于石太郎先生来说，烧炭是他唯一的营生，于是他又在山里建起窑，继续烧起了白炭。

宫城县并不出产乌冈栎这样特殊的木材。所以虽然石太郎先生按照烧备长炭一样的方法用石头筑起炭窑，用同样的顺序烧制白炭，但却没法卖出向备长炭那样高的售价。

石太郎先生所烧的炭里面价格最高的是用树龄10年以上不满20年的橡树烧成的“上等炭”或“橡木整炭”，其次是把20年以上40年以下树龄的橡树劈开烧成的“橡木切割炭”，再有就是“杂木整炭”等品类。

炭烧成之后石太郎先生用来取炭的工具也和汤上先生用的很类似，叫法也差不多，只是铁耙最前端的造型有些许不同。

石太郎先生也是每 10 年到 15 年会回到之前砍伐过的山头，养得好的山 8 年就能恢复原样了。也正因为有烧炭师到杂木丛生的山中砍柴，清理了各种藤蔓植物，才使得剩下的可以作为建筑材料的树木更好地生长。烧炭人也通过整理山林换取了烧炭所要用到的木材。

树木总会选择合适的地方自由生长，但如果任由树木在互相竞争中生长，那山林将变得杂乱不堪。所以人类需要时不时地加以干预，才能保护可利用的资源。

从前家里需要用到炭，打铁铺等各种地方也需要用到炭。烧炭是农民赋闲时的重要收入来源。

城市在吸收农村劳动力的同时，日本人的生活也开始发生改变。木炭变成了煤气、石油、电等不同的燃料。这并不是单纯的巧合，以这个时期为分界点，日本人的生活方式和思考方式都发生了重大的改变。关于这一点，让我们在介绍完各位工匠的工作之后再来探讨。

石太郎先生目前还能把烧炭当作一门营生。不同木头烧成的木炭价格也不尽相同，不过总能在山里找到价格合适的木材，而昂贵的木炭，例如茶道中用到的高级木炭也有一定的市场需求。

我见到石太郎先生的时候是 1997 年，他身边刚好有去找他学习烧炭手艺的人，其他地方也有许多对烧炭感兴趣的人，也可能是因为大家都向往大自然中的生活吧。烧炭也不是一般人完全做不来的事，如果不考虑做得好不好、效率高不高的话，炭总是能烧成的。但如果走上了专业道路，那就必须要考虑如何提高效率、如何烧出优质木炭等问题。这些问题的答案很多都藏在多年积累的经验和直觉中。能长期出产有价有市的优质木炭和只凭兴趣体验一下烧炭可是有天壤之别。

“无论干这一行多少年，真正烧出自己满意的炭的次数也只有屈指可数几次而已。这门手艺深藏着一份玄妙。”

我见过的经验老到的烧炭师们对此都深有感触。

岐阜的锯木工

我小时候，家附近有一位锯木头的老大爷。他干活的地方，墙上挂着好几把大锯子，有的锯子锯齿间有很大的空隙。我还记得当时看着这些像是缺掉锯齿的大锯子，还不禁怀疑用这样的锯子能不能把木头锯断。

虽然知道所谓锯木头就是把巨大的原木锯成木板，但我其实从未亲眼见识过这门手艺。之前也试着联络过几位锯木工，但他们现在都没在干活了。后来我在一些重要木结构建筑的修复工地上认识了木材铺的人，又拜托他们给我介绍了名贵木材店的人，几经周折才见到了住在岐阜县本巢郡南町的关谷文雄先生（1938 年生）。

那是 1996 年，关谷先生受工作之托来到了名古屋名贵木材店的工坊。那年关谷先生才 58 岁，但当时全日本的锯木工也就只有四五个人，所以不容易见到也就不奇怪了。

关谷先生是这些锯木工中最年轻的，但他也在感叹自己后继无人，他几乎是最后一个锯木工了。

“锯木工这个职业到我这儿也差不多要废了吧，现在大家连锯木工是什么样的差事都不知道了。简单来说，我们的主要工作就是把山里砍伐来的木材切割成用来铺在天花板上的光滑木板。当然也不仅限于天花板，也有用作装饰线条的木板，还有人会要求从一根原木上切割出装修一间屋子所需的所有木板。”

自从电动圆锯普及之后，这活儿就成了木材加工厂的事了。木材加工厂里有大型机器，可以根据订单要求快速地切割出木头柱子和木板等建材。但在以前，锯木头都靠人手用锯子来完成。

现在锯木工已经不会接到普通木材的锯木工作了，只有当名贵木材店花大价钱买入一些高档木材后，才会拿着一根几百万、几千万乃至上亿日元的珍贵木材来委托锯木工匠锯成木板或柱子。

这些木材主要是杉木和榉木。

“同样是锯木头，但伐木工和锯木工是两码事。伐木工的工作是砍伐生长在山里的树木，这是一项具有危险性的工作。有时伐木工也会把木头粗略地削成四方形柱体的角材。伐木工负责把树木砍下来，运到伐木场，而锯木工则以运到伐木场的木材为原材料，切割出木板或建筑材料。虽然两者都会用到大木锯，但实质工作完全不同。”

而在伐木工的工作中，很早以前就开始用电锯取代手动木锯了。

从前，山里除了有伐木工，还有专门负责把砍下来的木材运出山里的搬运工。我听说在伊那地区，这些木材搬运工被称作“日佣”，但我没能有机会见到干过这活儿的工人们。因为后来山中出现了林道，架起了绳索，木材运输进入了新纪元，用汽车就可以将整根整根的原木运到伐木场的时代到来了。

锯木工匠的工作中也会用到电锯，但如果要锯的是名贵木材，就不能使用电锯了。一根名贵的原木，锯木工能手工锯出12块木板，但如果用电锯差不多只能锯出10块。这其中的差别就是锯木工匠的价值所在。

“我从前做木匠的时候一个月挣9 000日元，转行做锯木工后，一个月能有30 000日元。”

这也是因为对于名贵木材店来说，锯木工所承担的是至关重要的工作。

数百万甚至数千万高价购入的名贵木材，能产出多少高档纯木板就全看锯木工的手艺了。

“天花板的厚度一般是二分三厘（约6.9毫米），全凭一把锯子，靠手工锯出来。”

锯木工的工作，简单来说就是将木材锯成木板或其他建材，所用的工具基本上就是锯子和墨斗，外加一套引人注目的锉刀。

锯不一样的木头要用不一样的锯齿，能靠自己的本事磨好锯齿是做一名合格锯木工的基础前提。锯木工都要经历辛苦的磨炼，才能学会针对木头的属性、材质和特点来磨出锋利的锯齿。

在这里，让我们稍微展开一下锯齿的话题。

锯子分为横向斩断纤维的横截锯和顺着纤维方向斩断木材的纵锯。

据说从前的木工锯就像一把加了锯齿的刀。在很长一段时间里都只有横截锯，纵锯传说是到了很后面的镰仓时代或是室町时代初期才出现的。横截锯无法顺着纤维的方向锯木头。现在市面上也常见有同一把锯子上一边是纵锯锯齿，另一边是横断锯齿的。但如果用横截锯细密的锯齿去尝试顺着锯，你马上就会发现行不通。木屑会塞在锯齿中间，锯齿很快就会磨损。横截锯的锯齿就像许多小刀的刀刃一样紧密地排在一起。

纵锯的锯齿更像是许多凿子的刀刃并排在一起。锯木时使用的“前挽锯”（板锯）是一种巨大的、单人操作的手工锯。板锯也是纵锯。

纵锯上“凿齿”（锯齿）的锋利程度取决于锯齿上刀刃的角度。要想让板锯保持锋利，就得用锉刀把锯齿的刀刃逐个磨尖。

“最难磨的是锯齿的‘下巴’。”关谷先生说道。

所谓“下巴”就是锯齿下面凹进去的地方，摸起来有点刮手的感觉。

“下巴处要用菱形的锉刀来磨，这直接影响到锯子锯起来顺不顺。”

相邻的锯齿要向左右稍稍错开一些，这个开口也被工匠们称作“蛤”，“蛤”的开口大小要根据木头的干燥程度、硬度和韧性来进行调节。开口大了，锯起来就流畅一些，但产生的损耗也会多一些。

锯磨得好不好全凭指尖的触感来判断。

“锯子在使用的同时锯齿会变钝，为了能随时更换，我会多准备几把锯子交替使用。一天里要磨锯两次。早上八点开始工作，第一个小时就只用来打磨锯齿。十点钟休息一小会儿，中午有午休时间，然后又要花一小时左右来磨锯，这可是一件费功夫的事。一天里有两到三个小时都花在磨锯这件事上了。话虽如此，但将大量时间花在磨锯上，细心地把每个锯齿都磨锋利，也是为了让锯出来的板材更漂亮。而且锯子锋利了，干起活儿来也更快，人也更省力。”

“虽然偶尔也会用到电锯，但电锯锯齿间的‘蛤’口距离较大，约有六分（约 18 毫米），而手工锯的锯齿间距可以收窄到一分五厘(约 4.5 毫米)。所以用电锯每锯几块木板，就会有一两块变成木屑，这就是电锯损耗较高的原因。”

如果用板材切割机，损耗和用电锯也是一样的。对于一根价值数千万的名贵木材来说，哪怕一两块木板的价值也颇为可观了，这也是名贵木材店要委托锯木工匠用手工锯来加工这些名贵木材的原因，而且机械切割与手工锯木得到的板材看上去完全不同。机械切割的过程中会产生热，让木材失去了光泽，看上去像湿了一样暗淡无光。而对于名贵板材来说，光泽是和木纹同等重要的元素。

"如果锯齿磨得够锋利，锯的时候不紧不慢地拉锯，锯出来的木板还能保持原木的生气。"

当我有幸目睹关谷先生锯木材的时候，发现他确实是按照一定节奏缓缓地拉锯。

我采访关谷先生时，他正在处理一件直径一米、长三米的杉木。这样的木料从一头锯到另一头需要花一天的时间。关谷先生的腰间挂着一个小盒子，两手扶着锯子，缓缓地、有节奏地拉着锯。腰间的小盒子里发出"咔嗒咔嗒"的声音。锯要慢慢地拉才能保持锯得直。板锯的锯齿开口几乎成直角。为了长时间、长距离保持锯得直，唯有这样缓缓地、有节奏地来回拉锯。

如果要锯的木头体积较大，有时也需要两个人一起锯，那就要从两边拉锯，一边拉的时候，另一边推进。两个人隔着大木头是看不到对方的，所以要在各自的背上插一根棍子当作标志，两边的师傅配合着彼此的呼吸一应一和地拉锯。仅凭这样的操作锯出笔直的木板就是锯木工的本事了。

最难的是开头锯下去的地方，如果一开始就锯歪了，后面会一直歪下去。

"如果歪了，锯木工能从手感上感觉出来。锯齿和木头间的摩擦力会有变化，如果感觉到偏差就能进行修正。锯的时候盯着切口，确认之后，再对锯齿的角度进行微妙的调整。”

“锯木头要从根部开始往上锯。根部结构比较特别，所以最开始会有点累，但越到后面越轻松。如果从树冠部分开始锯，开头虽然轻松，最后就吃力了。树根的部位较为特殊，不好处理，从根部开始锯反而容易收口。一边打入木楔子，一边从根部往前锯。锯之前先画好墨线，锯的时候锯齿不是沿着墨线的任何一边，而是从墨线的中央锯下去。所以锯完墨线也就消失了。”

选择适合木材的锯子，将锯齿磨锋利，正确地画上墨线，这些都是锯木工匠们的常规操作，而除此之外，还有一项重要的工作。

锯木工要能看懂木材的秉性，以此决定能加工出什么样的木板或建材。最难的是要判断有没有木节、腐坏或是蛀洞的情况，如果有，又要怎么锯才能扬长避短。

即使从表面看不见，也要判断里面有没有木节，因为如果看不出木节是怎么长的，就没办法画墨线。最重要的还是木纹，木纹就是木头特有的纹理。美妙的纹理可以左右木材的价格。有时关谷先生还会跟名贵木材店的老板一起去山林里观察还未砍伐的树，看看木头的性格、木纹的好坏和有没有长木节的地方，借此判断这棵树能不能锯出优质的木板。

“但可怕的是，一棵树从立着（未砍伐的时候）到倒下，是会发生变化的。有的树立着的时候看上去是块好材料，倒下了再一看却根本不怎么样。”

几乎所有名贵木材都是以现金竞拍的形式出售的。预定好的树，看走眼了也不能反悔。而这种鉴别树木秉性的才能是木材加工厂的机器办不到的，唯有靠经验的累积，这也正是发挥锯木工专业直觉的一项工作。

关谷先生说，他可能是最后一代锯木工了。

“如果自己的身体和呼吸不能很好地配合是锯不好木头的，这不是通过语言就能教授的技能，再说我也无人可教。考虑到体力上的问题，我也不知道自己还能工作多少年。今后，锯木工就要消失了吧。手工锯木的工具也没有了，现在已经没有地方可以定做锯木板的锯子了。打造一把锯子就跟打造一把刀差不多。我现在用的这把锯子要是不能用了，我想我的手艺也就干到头了。”

从前日本平常人家天花板上铺的二分三厘厚的实木板都出自这些锯木工之手，转眼之间，他们的身影很快就要消失了。

想象另一种可能

山形县关川的椴木织

在还没有绳索的年代，在山里干活儿的人们就会用藤蔓或是树木的皮做绳子。华东椴的树皮就常被拿来做此类用途。

剥下来的树皮经过简单敲打或揉搓，能得到其中的纤维。在我的家乡秋田县的乡下，人们把这种椴木称作“曼达”，在日常生活中常常用到。

自古就有将这种树皮的纤维拧成绳子的，也有拿来做蚊帐、织布、编渔网的，可谓应用广泛。树皮有时也被用来缝制下地干活时穿的衣服，或是做成手提的小篮子，又或是做成制作豆腐、酱油、浊酒或油漆时要用到的过滤袋，因为椴木的纤维又结实又不怕水。

据说椴木在阿依努族的语言里就有“捆绑、打结”的意思。阿依努族的民族服装“厚司”也是用跟椴木同纲的裂叶榆中提取的纤维织成的。

虽说现在轻易就能得到纤细又结实的化学纤维，可以用机械纺线，用自动织布机织布，由此制成的衣物我们也能轻易买到，但这一切的实现也不过是不久前的事。从前无论是线还是布匹都是很珍贵的，都是值得重复利用的东西。

试想要得到一根线，先要从养蚕、种植麻或棉花开始，然后再做成线，再织成布，要经过一系列漫长的手工作业流程。

要从树皮、草梗上提取出纤维是一项非常不容易的工作。我们之前也介绍过了有关葛布的制作，在全日本像这样全手工制作的织物如今还保存着一些，从椴木皮中提取纤维织成的椴木织就是其中一种。

住在山形县西田川郡温海町关川地区的人们，如今也还在手工制作椴木织。1995 年，我到村子里采访的时候，村中 48 户人里有 46 户组成了“关川椴木织合作组”，共同经营着椴木织这门手艺。

我采访了合作组的组长夫妇，五十岚勇喜先生（1935 年生）和五十岚喜代女士（1941 年生），他们向我介绍了椴木织的具体做法。

关川椴木织的特点在于，制作纤维的时候会把抽取出来的纤维泡在米糠里，这样浸泡出来的纤维会呈现一种特殊的蜂蜜色（但这并不是染上去的颜色），制成的布匹耐水性强，通风性好。

现在的椴木织已经不再用来制作蚊帐或渔网了，而是结合椴木织独特的质地，开发出和服腰带、门帘、帽子、包袋、名片夹等产品。从生活日常用品往高档奢侈品、工艺品的方向转型，让椴木织焕发出新的生命力。

华东椴是日本随处可见的本地自生植物，是一种高大的落叶木。正因为椴木哪里都能见到，所以常常被人们拿来做各种用途。但如果要织出优质的布匹，不培育出好的木材可不行，因为没有好的树皮，就得不到好的线。

“所以土地一定要肥沃，也要靠人悉心照料。我们这里冬天积雪深，积雪下面的土地就很肥沃，所以我们这儿的树木长得好。有了这个得天独厚的条件，再加上冬天里也没有别的事可做，所以我们这里很早以前就有冬天织布的传统，椴木织这门手艺也就这样流传了下来。”

五十岚先生对于椴木织为何能在关川保留下来，并依旧能够持续发展做出了自己的解释。

在关川地区，采伐椴木一定要在6月底开始的两周内完成。那时树木的枝叶茂盛，水分可以从树根一直运送到树梢,让整棵树都吸足水分。如果早于或是错过了这个时期，都无法从砍倒的树干上顺利地剥下树皮。树砍倒之后还要砍下树枝，然后就可以直接剥皮了。树皮越长越好，因为树皮的长度就等于线的长度。线越长，之后打结续线的工作就越轻松一些，而且线上的结当然越少越好。

剥皮要用色木槭做的木凿子，也称“木贼”，因为如果用金属工具会伤到树皮。

这种木凿子，秋田县的传统越冬猎人“又鬼”在剥水胡桃的皮或是挖蘑菇的时候也会用到。或许这种智慧对于生活在山里的人们来说是一种常识吧。

剥树皮的时候，先要用单面刃的“没有刀尖的柴刀”将树皮切开一个口子，然后再插入木贼。

树木也有背部和腹部之分。

就生长在斜坡上的树而言，背部就是朝向山谷的一侧，腹部就是靠山体的一侧。背部的树皮较薄，而腹部的树皮比较厚。剥皮要从树的背部开始剥。剥下来之后，只有内侧被称作嫩皮（韧皮）的部分可以被拿来使用，外侧粗糙的树皮是不能用的。这就跟做葛布的葛藤一样，只从韧皮取得纤维。在剥下韧皮之前，要先连着外皮一起，对树皮进行敲打、弯折，才能轻松地剥下韧皮。这个敲打和弯折的步骤叫作“杀木”，做好这一步才能顺利地把韧皮剥出来。

“木头如果长了木节，剥韧皮操作起来就没那么容易了，所以要在培育木材的阶段设法避免木节生长，这就跟买木材的人去栽培杉木或桧木一样，要经常修剪树枝。虽说不是林业工作者，却同样做着培育树木的工作。”

在关川的村落，各家各户一年只会织出一反[1]椴木织。

---

1 “反”，布匹长度单位，以江户时代的鲸尺丈量为幅宽九寸（约 34 厘米），长二丈六尺到二丈八尺（约 10 米），即刚好够做一个人衣服的布匹。

这需要采集约15根椴木的树皮，约有七贯(约26公斤)重。

剥下来的韧皮需要经过干燥，而干燥的天数取决于剥下时的天气状况。

“我们会关心一下天气预报，如果在梅雨季节结束前的两周里进行剥皮工作，那剥完了就差不多方便干燥了。”

到此为止所有工作都是由男人们负责的。据说从剥皮到织成织物一共要经过22道工序，而剥皮之后的工作都是由女人们来负责的。

剥下来干燥后的树皮要加入草木灰一起用水煮，最好是用栎树或是山毛榉烧成的灰。以前冬天取暖，靠的都是在地炉里或是暖炉里烧柴火，烧完之后的灰便拿来煮韧皮用。采伐时剥掉的外皮也可以先拿来生火，烧完后的灰还可以接着加以利用。

用加了草木灰的水煮过的树皮会变得柔软，用手揉搓之后能分离出几十层韧皮，这个过程叫作“剥揉”。椴木的韧皮里层层叠叠有好多重纤维，所以也被人喻作能“剥得千层丝”。

用泡有木灰的水煮过的纤维层会变成黑色，这时要把纤维放进米糠里浸泡。泡完之后草木灰中的杂质都去掉了，纤维会显现出独特的蜂蜜色。无论是加入草木灰煮水的过程，还是拿米糠水浸泡的过程，都和温度有很大关系。要等到 9 月，气温才是最合适的。

米糠水浸泡过的纤维在晒干之后，做成线之前，还要拿到从村子正中央经过的河流里清洗，然后在保持纤维湿润的情况下用指甲把纤维一簇簇撕开，一簇大约 3 毫米左右，这个过程就是“拉丝”。拉完丝之后还要再进行干燥，然后再泡水，再分成更细的丝。在水中多泡几次，线才会变得更美。

椴木织的一反长 60 米，幅宽 36 厘米。要织出一反椴木织，所需的纵线、横线连起来能有 20 000 米长。

经过水洗之后的丝线，还要经过“打机结”的工序，将几根线结成更长的线，才能上机织布。在这个环节中，如果发现还比较粗的纤维，还得继续拉丝，调整好丝线的粗细才能打结。打结这道工序在冬天进行。村里的大娘大婶们一边喝着茶，一边用手指搓着线。这个工作要耗费大量时间，必须保证线粗细均匀，结打得妥帖。因为线好不好，织成布就见分晓了。

搓线打结的活儿靠的是指尖上的触感，只要手指的感觉熟悉了，就算是一边干活一边聊天聊到忘我也好，或是年迈、腿脚不利索的老太太也好，都能胜任这个工作。

这样搓好的线要绕成手鞠大小的线团，像这样的 18 个线团里就绕着 20 000 米长的线。然后还要将线放到捻线机上再捻一遍。捻线的时候一定要将线沾湿，太干燥的线容易断。

用作纵线的线要比用作横线的线多捻几次，因为织布的时候纵线容易起毛，而横线只要简单捻一下就行了，这样能在织好的布上留下粗粝的手感。

捻线的工作通常由五六个人一组共同完成。

接下来的就要准备织布了。

先将线绑到织布机的框上,调整好经线（纵线）的长度、张力和数量，这个步骤叫作“整经”。整经完成后，就可以开始在织布机上织布了。

如今，关川的椴木织和服腰带等纺织品都成了高档商品，在百货商店里的售价在30万到50万日元。而这些商品从关川卖出去的时候，价格只有零售标价的三分之一甚至四分之一，但由和服产业和物流系统经手之后，价格就翻了几番。

但或许这就是这门手艺得以生存的一条出路。对于那些喜欢椴木织质地的人们来说,总需要有这样的购买渠道。

宫崎县的箴匠

在宫崎县西臼杵郡日之影町住着一位名叫广岛一夫

（1915 年生）的篾匠。广岛先生从事手工竹编已经有 70 多年了。他做的并不是能卖数十万日元的工艺品，而是竹筐、漏勺等人们日常生活使用的器具。

广岛先生之所以会去拜师学习篾匠活儿，与他从小有腿疾不无关系。他家本是农户，腿脚不方便就没法干农活。家中的父母和兄弟们一起商量之后，决定还是让广岛先生到篾匠师傅家拜师做学徒，希望学到一门手艺之后，即使他腿脚不方便也能自食其力。

当时所有的生活日用品、农具几乎都是竹子做的，所以篾匠肯定不愁没活干。而且九州又盛产竹子，材料遍地都是，所以无论是以后年纪大了还是腿脚不方便了，都不会影响生计。于是广岛先生便选择了成为一名篾匠。

广岛先生的师傅也是一位腿脚不太好的篾匠，不过不影响走路。广岛先生提起自己的侄子和徒弟因为熬不住漫长的学艺之路而半途放弃的时候说道："如果我体格健全，啥活儿都能干，或许我也会受不了整天坐在这儿编竹子。"

广岛先生还说，要不是因为他的腿疾，或许他根本不会踏上篾匠这条路。

"当时虽然竹编的活计络绎不绝，但不过就是几个漏勺的生意，赚的钱根本不够你给家里盖房子，也不够买车，我们干活的时候甚至都没有固定的工坊。"

和艺术品或工艺品的买卖不同，制作人们日常用的、价格几乎和一次性商品一样便宜的生活用品就只能得到微薄的报酬。

广岛先生的师傅也没有自己的工坊。他们游走于各家各户，为别人制作味噌漏勺（做味噌汤时往水里调味噌酱用的漏勺），做完了就往下一家去。师傅是个单身汉，有时广岛先生还得负责给两个人做饭，不过大多数主顾家都会准备好竹编的材料，而且包吃包住，有的还会给师傅备上几壶好酒。

广岛先生自立门户之后，继续来往于几家常客之间接活儿。直到35岁，广岛先生去了延冈市，作为专业工匠在一家竹制品批发商那里工作和居住了五年左右，他说自己当时跟许多竹编艺人学到了新技术。也是在这段时间里，他终于拥有了一套属于自己的工具。

篾匠的工具只要一个小工具箱就能全装下了。

"篾匠的活儿，只要有把锯子有把刀就能干了。"

虽然广岛先生这么说，但实则不然。虽说只靠锯子和刀也不是不行，但通常还是会用到一些简单却好用的工具。手工作业讲究方便顺手。为了能更高效地制作出细节漂亮的成品，所用的工具也要花心思一点一点改良。

竹篾的宽窄需要修整并进行统一，这就要用到"整幅器"

或者叫“修幅器”。以前都是拿两把小刀并排放置，让竹篾从两个刀刃之间划过，就把幅宽给修整了。现在则是先用刀刃把开口宽度定好，再用螺丝将刀的位置固定住，就成了方便好用的“整幅器”。想出用螺丝固定刀片距离的就是广岛先生本人。

最重要的工具是用来劈竹子的篾刀。

广岛先生说：“这就跟‘山家’人做簸箕时用的梅花刀差不多。”说着就拿了把篾刀给我看。这是一把双刃刀，刀刃像矛头，刀刃长度大概在 20 厘米。除了刀刃之外，另一个至关重要的部分是刀刃与刀把之间的一圈铜箍，大约有 2 厘米宽。劈开竹子要把铜箍当楔子来用。

工具箱里的其他工具还包括：包边时要用到的“弯边度篾齿”和“平边度篾齿”、能将竹篾里面磨平的“倒棱刀”、顶角用的“石锉”、平口钳或尖嘴钳、修枝剪、折尺，以及换了特殊锯齿的锯子。

篾匠的工具箱一般长约 40 厘米，宽约 25 厘米，深约 20 厘米。

“不止篾匠，从前的木匠、榫卯木工、桶匠等，大家都是提着工具箱到订购者家里去干活儿的。”

跟在师傅身边做事虽然能学会竹编的方法，但每次做的器物尺寸都不一样，需要根据订购者的需求做出改变。我问广岛先生，他常做的商品有多少种，他说："按照所用竹子、大小的不同，还有用户的不同，大致有200多种吧。"

广岛先生的作品曾在美国的史密森尼博物馆内展出，他本人也曾被邀请到现场进行演示，但那次拿去展出的作品还不到100件。

九州的竹编工艺选用的材料基本上都是桂竹。桂竹的材质好，而且在宫崎县一带是唾手可得的材料。

砍伐竹子要等到入秋之后，那时的竹子已经不再吸收水分了。秋天的竹子不容易腐坏，害虫也不容易侵入。广岛先生总是在11月之后，冬天到来之前进山去砍竹子。砍竹子用的不是锯子，而是镰刀。砍下来的竹子会暂时寄存在附近的神社里。略带青涩的竹子要比完全干燥的竹子更容易进行手编，所以砍下来的竹子要立刻去掉枝叶，这样即使存放起来也不会变得太干。通常拿出来使用的都是放到第三、第四年的竹子。

"才放了一两年的竹子还太嫩，放到第三、第四年的竹子最好，再放就老了，有的会长斑，有的则会变得太硬。放了两年的竹子根上还连着皮，放到第三年就全掉了，青涩渐渐褪去，但质地依然很年轻，这个时候的竹子最好了。"

"不过当我还在走家串户干活儿的时候，就会在雇主家的林子里砍竹子直接用了。篾匠干活儿，其实不管手里拿的是什么样的竹子，手编的工序都是一样的。”

“走家串户的时候，我就坐在别人家的屋檐下干活。那时心里就希望能有一个遮风挡雨的工坊。所以后来就建起了现在这个工坊。”

广岛先生喜欢用未经修剪的长竹篾，所以他的工坊也建得跟“鳗鱼的睡床”一样，开口很窄，但纵深狭长。工坊的左边是农田，右边是店铺门面。工坊的入口面对着街道，是一栋造型细长的木结构平房。工坊本身深一间半（约 2.73 米），宽四间（约 7.28 米），同时还在旁边的农田下挖了一条通道，在店面的地板下也预留了空间，方便长长的竹篾穿过。

“我用的竹篾，虽说没准确测量过，但也有个 10 米左右长吧。竹篾长了编出来就不会有那么多接口，我不喜欢竹编上有太多接口。以前大家都是把接口留在边缘，如今都不讲究了，接口就放在大家都能看到的地方。不过讲究也没什么用，也没能让我买得起车不是吗？”

广岛先生说着笑了起来，但他又说，从前，“这样的接口绝对不被允许，真正的手艺人是不会这样的。”本来不被允许的事情，现在大家却都满不在乎地接受了。

“这本来就是件费功夫的手艺活儿，要想靠它赚大钱，那自然就顾不得那么精细了。大家都坐上小轿车了，编竹子的篾匠们当然也想拥有自己的小轿车。”

广岛先生也感叹，在当今这个忙碌的时代里，不这么做就跟不上时代了。

我们来看看广岛先生是怎么工作的吧。所谓竹编手艺就是用竹篾进行手编的工艺。

从选用的材料来看，直径八寸（约 24 厘米）左右的竹子用起来最方便。竹节与竹节之间的间隔越长越好，竹节的位置要低，且太硬或太软的地方都不能用。虽然砍竹子的时候已经精心挑选过了，但还是要根据所编的器物，挑选出合适的竹子，再劈成四节。

“劈成四节之后，只有其中两节可以用，但其实最好的只有其中的四分之一，也就是竹节位置很低，竹竿笔直的那一段。通常竹子上会抽枝的那一段长得最直，那部分是最好的。我见过从前有名的匠人做竹编，就真的只用竹子最好的那一段来编。”

“竹子抽枝的那一段竹节位置最低,竹竿也最笔直。”——对我们这些外行人来说，光是凭想象去理解这件事都不容易。

根据要编的东西不同，竹篾的宽度和厚度也有不同的讲究。广岛先生一般都会剥两次，才得到最终用来做竹编所要的厚度。广岛先生认为竹皮稍微厚一点的竹篾比较好。竹肉的部分广岛先生是不用的，但镇上的工坊可能碍于材料不足，连竹肉也会拿来使用。没有竹皮的竹篾容易吸水所以不够结实，但这种竹篾编起来容易编得更紧致。

“竹子虽然是可以任意处置的好材料，但竹节部分是薄弱环节，时间长了，竹节的地方最容易折断。”

放久了、干燥的竹篾只要在竹节处稍加弯折，就很脆地断掉了。

竹篾的宽度各异，有1毫米左右的细竹篾，也有编大背篓用的1厘米宽的竹篾。竹篾分割好之后，还要将竹篾的棱角从里面磨平，磨完之后竹篾不仅美观，排水性也好。

接下来，我们聊聊竹编的方法。

广岛先生把编笸箩的方法称作“挑编法”，挑编法也是竹编的基本技法，和笸箩形似的器物大多能用这个方法来编。如果想要不同的形状和大小，只要调整竹篾的宽窄就可以了，竹编的方法不变。

编的时候，横轴的竹篾在事先固定好的纵轴之间来回横向穿梭，竹编研究学者们把这个方法称为“笸箩编法”，而在广岛先生口中，这就是简单的“挑编法”。

其他竹编方法还包括编篮子时用到的“六角孔编法”“回字形编法”“斜纹编法”等不同基本技法。

宫崎县西臼杵郡有一种造型特殊的背篓，人称“轻便背篓”，底部窄，越往上开口越大。竖着编的宽竹篾左右交错着，从下到上要穿过五到七个竹圈，既结实又美观。

“这种竖着编的背篓只有我们这儿才有。”广岛先生如是说。

长长的竹篾像绽放的花朵一样向四周伸展，看着这些竹篾在他手中穿行真是一件赏心悦目的事情。

广岛先生制作的竹编器物究竟有多少呢？让我们在此简单列举其中一些器物的名字。

饭篓（在没有冰箱的年代，煮过的米饭放在带盖子的饭篓里，悬挂在通风处不容易坏）、竹筛（筛稻谷壳）、鳗鱼篓（装捕到的鳗鱼的容器）、鱼篓、香鱼篓、养香鱼的竹篓、捕蟹用的竹篓、用来抓石斑鱼的诱捕笼、用来抓樱鳟鱼的诱捕笼、竹管捕鳗器、存放炒鱼干的小篮子、放饭碗的竹篮、圆底笸箩、平底笸箩、粗孔笸箩、三角笸箩、四方笸箩、装米的笸箩、酒厂里用来盛放蒸好的大米的竹筐、洗芋头用的笸箩、茶筛、味噌漏勺、带手柄的味噌漏勺、盛放乌冬的竹屉、盐篓、手提竹篮、用来洗蘑菇的竹筛、炭筛、放在自行车上方便搬运货物的竹篮、茶叶篮（摘茶叶时用的）、放桑叶的篮子、干燥蘑菇用的竹篮、搓茶用的笸箩、养蚕用的平底竹匾、漏斗、鸡笼、“轻便背篓”[1]、采蘑菇

1 宫崎县传统手工艺品。——编辑注

时用的背篓等，从厨房用品到农具、捕鱼用具、搬运工具，广岛先生的作品几乎囊括了生活中要用到的所有工具。

岩手县的赤竹手编艺人

竹编器物无论作为日常生活用具还是农具，都是不可或缺的。然而日本东北积雪太深的地区，竹子无法生长，所以就要寻找竹子的替代品来制作笸箩或篮子之类的用具。赤竹手编就是其中一种。

家住岩手县二户市的夏林千野女士（1920 年生）是在 22 岁时嫁到夏间木这个小村子里来的。

她嫁过来的时候，公公对她说："要是能掌握这门手艺，将来会派上用场的。"于是开始给她传授赤竹手编的技艺。

在夏林女士的婆家，全家人在空闲时都会编笸箩。赤竹，是丛生矮竹的一种，赤竹手编用到的是赤竹的茎杆。丛生矮竹的茎被称作"茎杆"，有点像芦苇。赤竹手编所用的竹子学名叫作"北方华箬竹"，生长在日本的太平洋沿岸各地区，直径 5—8 毫米，能长到 1—3 米不等。竹节光滑，茎杆笔直。

另外还有一种生长在日本东北部积雪较多地区的"千岛箬竹"，又被称作"曲根竹"。这两种竹子的分布以 75 厘米积雪线为分界线。积雪在 75 厘米以下的地区生长的是北方华箬竹，积雪超过 75 厘米的地区生长的是千岛箬竹。千岛箬竹的茎杆也被用来制作赤竹手编。

回想广岛先生所说的："直径在 24 厘米的竹子刚合适，长 10 米左右的竹篾可以直接拿来编。"和广岛先生口中的竹篾相比，东北地区的赤竹手编所使用的赤竹茎杆短得有点可怜了。

在夏林女士的婆家，遇上下雨天，或是平日的夜晚，家里所有人都会一起编笸箩。对于现金收入有限的农户来说，用手编的笸箩换点钱也是贴补家用的不可或缺的经济来源。

别家怎么样不好说，但据夏林女士说："在我婆家，自己手编用的竹材要自己准备，干燥的时候也不能跟别的家庭成员的竹材混在一起。编的时候也是各人拿自己准备的竹材，绝不能拿别人的来用。不过卖笸箩赚来的钱也是各归各的。"

遇到节庆的时候，农民们会把自己编的笸箩或竹篮拿到节庆的集市上贩卖，换回大米、蔬菜、鲜鱼，或是各种生活用具。

夏林女士也是靠卖竹编笸箩的钱来贴补孩子在学校运动会或远足时用到的支出。这其实也不是很久以前的事，夏林女士的儿子是在战后才出生的。

夏林女士虽然从公公那儿学到了手编笸箩的方法，但老实说，单是编笸箩其实赚不到什么钱。于是夏林女士又参加了县里主办的研习班，学习各种盛器和设计新颖的竹艺编法。不过婆家的农活也不能放着不管，所以她只能忙里偷闲做竹编，编好再拿去老师那儿寻求指点。从家里到老师那儿单程就是二里地，夏林女士就这样两地来回奔波，坚持了两年。夏林女士笑着说，自己是一旦开始一件事就要一干到底的性格。话虽轻巧，但想必这也不是一般农家媳妇都能坚持下来的事吧。

夏林女士不懈的努力最后得到了回报，她所做的盛器三件套被某位外销品买手的慧眼相中，出口到了斯堪的纳维亚、加拿大、美国等地，夏林女士也因此得到了丰厚的报酬。器物的设计虽然改变了，但手编的方法基本上还是妇女们口中所说的“笸箩编法”，而制作出畅销商品的夏林女士也由此成了一名专业的赤竹手编工匠。

我们来了解一下赤竹手编的工序。

在二户市附近，丛生矮竹就自然生长在山里或田野的斜坡上。

作为手编的原材料，“第一年刚长出来的矮竹就可以，第二年的也还可以。但到了第三年茎杆就太硬了，不能用了。”夏林女士说，主要还是用当年的新竹。第一年的竹子只长茎杆，很少有枝叶。到了第二年就开始长出枝条，到了第三年就完全开枝散叶了。所以即使站在远处，仅凭观察有没有枝条、枝条多不多也能判断出是哪一年的竹子。

除了用作边缘的竹材之外，其他竹材任何时候都可以去山里砍伐。春天、夏天、冬天，都可以采伐。唯独用作边缘的竹子一定要在夏季的土用（立秋前 18 天）时节之后砍伐。

砍下来的赤竹马上就可以进行手编，但如果一次砍了很多，或是从供应商那儿买来一批，先存放着也没问题。

虽然赤竹的茎杆直径不过 5—8 毫米，但也不能就这样整根拿来用。

还是要像普通桂竹一样分成四瓣。一般人劈赤竹的时候会用篾刀，但夏林女士为了让自己年迈之后还能继续工作，购入了电动劈竹机。将赤竹从根部放入劈竹机，经过机器上十字刀刃的切割，赤竹的茎杆就被分成了四瓣。

如果要保存备用的竹材，要先把竹节上的皮去掉，然后分成四瓣，再进行干燥。就这样放着让它自己干燥的话容易发霉，所以要像晒稻谷一样铺开，挂着进行干燥。

夏林女士现在会一次从供应商手里买个两三台卡车的竹材。看准天气，用 4—7 天时间进行干燥，再保存起来。

可以用三四年时间，只要在拿出来用的时候剥去外皮，再用水泡一泡就行了。

手编前还有一项准备工作是“去粗”，就是将茎杆的内芯去干净。以前这道工序也要靠镰刀来完成，但夏林女士也已经用机械代替了手工。

然后就要决定竹篾的宽度，同样也可以借助机器来完成。

不过无论是劈竹，去粗，还是定宽，其实机器的构造都极为简单，操作起来也还是要靠人手一根一根地把赤竹往机器里送。机器上所有的刀片也都要靠夏林女士自己来磨。夏林女士之所以早早地就购入了机器，是因为一家人都靠她这门手艺养活着，有了机器帮忙，即使自己上了年纪，视力衰退了，手指不如以前灵活了，也还能继续做手编。

赤竹条的宽度要根据所做的器物而定，如果是一个小的茶巾托，赤竹条的宽度大概在一点五分（约 4.5 毫米）。夏林女士创作的可以叠在一起的盛器三件套，用的也是这种宽度的赤竹条。

笸箩或是篮子之类的器物就要用再宽一点的赤竹条来编。

赤竹的茎杆本身就很薄，劈成四瓣之后宽度也就没多少了，就不用再倒角剖薄了。

赤竹手编的方法基本上也就是“笸箩编法”。先根据要编的器物放好纵轴的赤竹条，然后手拿着赤竹条穿梭在纵轴之间编织横轴。赤竹手编的茎杆比较细巧，起底的纵轴一般只有三条而已。

如果是编手提竹篮，也会用到斜纹编法，以三根茎杆为单位,依次间隔编织。最粗的赤竹茎杆直径也不过 8 毫米，周长 25 毫米左右。分成四瓣之后，直接拿最宽的一条来用也不过才 6 毫米而已。

赤竹的特点是虽然茎杆又窄又短，竹皮也薄，但依然结实耐用。

赤竹做的笸箩有一个特点与桂竹做的笸箩非常不同：赤竹笸箩的内侧用的是竹皮的部分，所以控水性能很好，也很结实。

“桂竹质地很硬，容易折断。有人觉得硬就是结实，其实不然。赤竹的皮虽然很软，但不容易折断，非常耐用。”

有关桂竹是否无法做到像赤竹一样防水耐用的问题，我们也请教了广岛先生。

“也不是完全不可能做到，但编起来有难度。想要做到控水好，笸箩的内部就要用竹皮的一边来编，但这样就很容易折断。折断后竹皮的断茬儿也容易划伤手。另外，笸箩在使用的时候经常会东碰西蹭的，把竹皮用在外边会使笸箩更结实耐用一些。”

如何根据各种材料的特点加以利用，都是靠匠人们多年的经验积累才能得出结论。

但这些手编工艺的共通之处都是追求牢固和耐用。所以无论是桂竹还是赤竹，在边缘收口的时候都颇费时间和功夫。用竹条弯起来包边的竹筐，能放好几升大米，用多少年都一样结实。

夏林女士的赤竹手编生涯是从编笸箩开始的，后来又演变出带提手的六角形豆腐篮、厨师们外出采购时用的手提菜篮（竹皮用在外侧），还有人们到山里或野外时用到的背篓等主要产品。

大件的器物并不多。

可能也正因如此，夏林女士坐在暖桌旁就能工作了。

赤竹手编所用到的也都是简单的工具，还留着农家副业的影子。

除了钳子、锥子、修枝剪之外，还有一把小号的篾刀。不过和篾匠广岛先生用的双刃篾刀不同的是，夏林女士用的是单刃的小篾刀。

很多人到夏林女士这儿来，想拜她为师。他们之中有的出于兴趣，有的想靠这门手艺赚钱，但无论初衷为何，夏林女士对他们都一样严格要求。

“如果还有别的收入来源，生活不至于窘迫，就不会一心一意认真地学，也就很难学出什么名堂。要真想拿这门手艺当饭吃可不是那么简单的，全凭一分耕耘，才有一分收获。”

夏林女士代替了生病的丈夫，靠赤竹手编支撑起了整个家庭，还给家里盖了房子。为此她夜以继日地工作着。赤竹手编的商品单价并不高，所以全靠手艺和质量取胜。专业工匠们的手艺，是经历了无数次编织后才能拥有的手感，出自他们手中的作品有一种纯熟的美感。

虽然在充斥着大量东南亚进口竹制品或赤竹手编制品的纪念品商店里，依然可以找到本地手艺人的作品，但长远来看，恐怕也难逃后继无人的结局。

秋田的槭树条手编艺人

在东北太平洋沿岸多见的北方华箬竹，到了靠近日本海沿岸积雪较多的地区及奥羽山脉附近就不太见得到了，取而代之出现的是根部弯曲的曲根竹（千岛箬竹）。在这些地区，除了用这种丛生矮竹的茎杆编织筐箩或篮子之外，也会用其他材料代替竹子，做成各种篮筐制品。槭树条手编就是其中具有代表性的一种。

槭树条手编的原材料是色木槭，与枫树是同一属，到了秋天树叶会变黄，山野中自然生长的色木槭能长到 20 米高。虽然也有用毛漆树或红脉槭的，但用的最多的还是色木槭。用作手编的时候，要将木材加工成薄片状的细木条，再用这些细木条来编篮子。

从前在秋田县和山形县各地都有槭树条手编艺人。你要是去这些地方的村里转转，一定能见到农户在谷仓里或是外墙上挂着槭树条编成的篮子或簸箕。直到近些年，在秋田市的太平山和鸟海山麓以及山形县境内，都还能见到槭树条手编艺人的身影，他们用槭树条编成可以挎在腰间的背篓或是鱼篓，还有簸箕、购物篮、盛放点心的果盘等器物。

在秋田县仙北郡角馆町，现在也还有槭树条手编艺人，菅原昭二先生就是其中一人。他生于昭和二年（1927 年），他的弟弟也是槭树条手编艺人，他的儿子菅原清澄先生（生于 1949 年）也继承了这门手艺。我曾多次到访过菅原昭二先生的工坊，采访他并有幸参观了他手编的过程。

菅原先生的工坊就是一间与自家起居室相连的板房，面积大约有三叠（约 5 平方米）。里面摆放着一张直径 30 厘米左右、切割成圆形的原木工作台，每当要用到柴刀或其他刀具的时候，菅原先生就会在这张工作台上工作。槭树条手编的所有工艺都可以坐着完成，所以工坊的空间很小。我走访过的其他手艺人也多是在同样紧凑的空间里工作。不过手编所用到的槭树条也就 1 米左右长，所以也不需要太大的作业空间。

刚从山里砍来的色木槭直接用是最好的，这时候最容易加工成槭树条。放几天之后就干燥了，用起来就得再泡水。

置办原材料的时候，有时会由工匠自己去山里砍伐，有时也会从专业供应商那里采购。当然色木槭的品相也有好坏之分。

“色木槭在长满天然杂木林的山上就能找到，但混杂在山毛榉树林里的色木槭更好用一些。品性太特别的树不行，长出枝条的部分不容易去除所以也不能用，树干太粗的也不能用。直径在二寸五分（约 7.5 厘米）到三寸（约 9 厘米）左右为宜。符合这个尺寸的，大多是树龄在 15 年左右的色木槭。”

“再过 15 年，还可以在同一座山上砍伐同一棵树长出的新木，所以并不用担心原材料资源的问题。只不过色木槭在人造杉树林里是不会有的，如果天然杂木林都被砍完了，那就难办了。”

色木槭经过干燥之后是质地坚硬的木材，所以常被用来制成做鞋用的木楦、漆器的木胎、农具的木制手柄等。用作槭树条手编材料的色木槭要砍成三尺五寸（约 1.05 米）长的木料。

下面介绍一下槭树条手编的工艺流程。

首先要用柴刀将木料劈成八瓣，用的是被称为“工艺柴刀”的单刃柴刀。劈木料时工匠坐在工作台前，将柴刀放在工作台上，刀刃朝上，再将槭树木料立在刀刃上，一点点向下敲打着来劈开木料。比较粗的木料可以借助木锤来敲打，但一般徒手就能简单完成。正是因为这种易于加工、可以沿直线裂开的特性，使色木槭能替代竹子成为手编材料。将槭树木料对半剖开之后，再继续对半劈开，直到劈成八瓣。这个步骤被称为“粗分”。粗分的时候刀刃要从木头的里侧（靠近树冠的那侧）切入。

“备料的时候我们都是把树从里往外劈，从前就有这种说法，而实际上也是这样操作起来比较方便。所谓里侧就是靠近树冠的那侧，而外侧就是靠近树根的部分。”

虽然能像竹竿一样被轻易劈开，但槭树的质地带有韧性。

菅原先生也说：“色木槭是一种有韧性的木头。”

所谓“有韧性”，指的是虽然柔软但坚韧的特性，就像牙咬不断的大葱一样。分成八瓣之后，接下来还要“去芯”，就是要把中间年轮的部分去掉。

“年轮的部分还有树在幼年生长时留下的树节，这部分是没法用的，所以要去掉。”

分成八瓣之后每一瓣都是三角形，去掉芯的部分之后就成了梯形，再把两侧多余的部分去掉，就成了长方形。这个步骤叫作“劈宽”。

这个时候要根据所要编织的器物决定槭木条的宽度，但多是以二分（约6毫米）为标准，沿着年轮切出细长的木棒，然后再削薄。用柴刀在八分之一瓣里劈出8—10根木条。这个步骤叫作“细分”，或称“扯木条”。

无论树木原本长得多好，还是要靠工匠的熟练操作将木材加工成厚薄均匀，没有凹凸不平的细木条。修薄的时候将木条的一端夹在脚的大拇指和第二个脚趾之间，手拿着刀刮木条。如果手指上感觉到有哪边厚了，就再用刀重新刮一下，保证厚薄均匀。

“木条如果太薄，用手指不容易夹住，就只好用门牙咬住。现在我有两颗门牙都换成假牙了，没法咬着木条做出细微的调节，所以也就没法再用牙齿了。”

“要能完美地削出厚度均等的细木条可算得上是项了不起的本领呢，这可不是什么简单的工作。”

从爷爷那一辈开始算的话，菅原昭二先生是他们家手艺的第三代传人，据说他15岁就开始走街串巷贩卖自己制作的商品了。菅原先生的儿子菅原清澄先生高中毕业之后虽然一度在公司里供职，但后来也继承了父亲的事业。他现在也完全算得上是一名能独挑大梁的工匠了。但即便如此，“就这项削薄的操作还是比不上父亲的手艺。父亲的手削出来的木条那真叫一个好啊。”清澄先生还是会如此由衷地感叹。

这靠的全是从小不断重复劳动时用手指学习到的技艺，仅凭手指上的感觉就能分辨出厚度上微妙的区别，而所谓手艺的训练就是要让身体对这种感觉形成自然的反应。

长三尺五寸，直径二寸五分左右的木料，最后可以变成 64—80 根细木条，这些量足够编一个篮子了。

削薄之后的细木条直接进行打编也可以，但最好还是要倒角，把细木条刮光滑，这是为了防止木条在下雨或湿气重的环境下发霉，所以要把表面刮干净，去掉多余的东西。这道工序中用到的工具是一种被称作“反刃小刀”的独特刀具，它刀刃的位置和一般的刀是相反的。你可以把它想象成一把小号镰刀，不过刀刃在向外的那一侧。另外还与镰刀不同的是，它的刀刃是平的。将刀刃按在木条的表面上，就能削去表面的毛糙。

最后再用刨刀把细木条的边缘刨干净，经过倒角和刨光，能让细木条散发出光亮的色泽。

如果再用从华东椴木中取出的纤维进行擦拭，就更能显出光泽。

接下来终于到了打编的阶段了。大多数时候会直接用纯白色的细木条来打编，但有时也会用泥土给细木条染色。染色并不会使椴树条变得更结实，只是为了能编出花纹或图案而已。

纯白的细木条非常耐用，据菅原先生说："做好的器物，即使不修理也能用一辈子。"他拿出了一只年代久远的篮子给我看。经年累月的使用给篮子增添了蜜糖色的光泽。

篮子的器身和缘口所用的材料有所不同。编缘口的步骤又叫"缠边"，材料要专门选取直径 4 厘米左右的新木加工成木条。

粗壮的木头树龄已高，木头的韧性就没有了，所以要选用年轻的木头才有韧劲。

椴树条手编的方法和竹编的方法差不多，也有"挑编""孔编""梯形编法"等大约 20 种不同的编法。

匠人们根据设计和客人的要求，再加上各种打编的功夫，就能做出各式各样的作品，包括手提篮、可以挂在腰间的挂篓、花器、点心盒、果篮、明信片架、废纸篓、隔断、屏风、椅子、篮子、簸箕，等等。

从前的手艺人都是靠自己去采伐原材料，编成器物之后再拿到集市上卖，或是走家串户地去兜售。菅原先生说 15 岁开始就在街头兜售自己制作的商品了。那时候会拿自己编的器物跟别人换点赤小豆、大米或是苹果，到了下一家主顾那儿，再用这些东西换一些现金，或是再换点别的东西回来，就好像“稻草富翁”[1]的故事一样。

最受欢迎的手编制品是簸箕。我们之前介绍过鹿儿岛的手编簸箕，除了槭树条之外，也有用山樱皮、藤蔓、千岛箬竹等材料编制的簸箕。菅原先生说，有时一天能卖出10个簸箕。

“一个簸箕的价格是以半麻袋大米的价格来定的。”

一麻袋大米大概是60公斤，所以一个簸箕的价格大概相当于30公斤大米的价格。我采访菅原先生时是1994年，当时30公斤大米在秋田县的售价是15 000日元，如今一个簸箕的售价也是半袋大米的市价到15 000日元不等。现在大米的价格下降了，虽然卖得这么便宜可能会影响生计，但这种定价制度已经成为习惯，所以至今还是沿用着同样的算法。

走家串户做买卖的时候工匠们会随身带着锥子和做簸箕用的小刀，还有细槭树条，卖货的同时还顺便接些修理的活儿。

从前生意最好的时候就要属12月了。到了年底，日本

1 日本民间故事，内容是在某地住着一个穷困的男子，他拿着一根稻草开始旅行，沿途不断与人以物易物，最终换得一栋豪宅与大片良田。

的各家各户为了迎接新年都要置换些新物件，所以手工艺人们会拿着自己的手编制品到年末的市集上卖。

那时候的买家和手艺人都是面对面交易，大家都会找自己相熟的手艺人买东西，总能挑选到又耐用又合自己心意的物件。近些年来，人们又开始对手工艺感兴趣了，槭树条手编也随之变得受欢迎起来。为此，菅原先生和夫人一年里有接近一半的时间都要来往于各地的百货公司，进行现场演示和展销。借此机会，他们也积累了不少熟客，销售量也颇为不错。或许百货公司已经成了市集的一种新的存在形式。

如今在角馆地区，槭树条手编工艺依旧留存着，在当地杂货店里，也依旧能找到踏青游山或是干农活时要用到的槭树条手编制品。

桧枝岐村的木盆师

位于福岛县南会津郡的桧枝岐村是通往尾濑高原湿地的入口之一。现在村里以旅游观光为主业，但从前这里住着很多以制作木勺、木碗及用薄木板弯成的饭盒等木制品为生的手艺人。

平野守克先生出生于大正十四年（1925 年），他是为数不多的几个只做木盆的专业人士之一。

所谓木盆，指的是做荞麦面揉面时用的木盆。木盆的直径有大有小，有一尺二寸（约 36 厘米）的、一尺三寸（约 39 厘米）的、一尺六寸（约 48 厘米）的，偶尔也会有客户要定制直径超过 1 米的大木盆。

日语汉字中把这种木盆写作“饭造”或“饭藏”，有关这名字的来源，平野先生给我们介绍了以下几个说法：

“你看早饭、午饭、晚饭，每一顿都离不开这个‘饭’字。而我们这儿的主食以荞麦为主，吃荞麦面就是吃饭，所以造荞麦面用的木盆就被称作‘饭造’。但也有一个说法是，从前没有冰箱，剩下的饭就放进木盆里盖起来储藏，防止变质，所以这木盆就叫‘饭藏’。不过究竟哪个说法是正解已经无从考证了。”

这个地区四周都被海拔 2 000 米左右的山脉包围着，村里最低的地方也是海拔 800 米的高地，不适合种水稻，也种不了小麦，所以主食都是荞麦，混着杂粮或者山里采来的野菜一起吃，这样的习惯至今也没有改变。来到桧枝岐村，就总能吃到在木盆里揉出来的手打荞麦面。总之要揉荞麦面团，就少不了这个木盆。

日本各个地方用来揉荞麦面团的木盆在造型上还不尽相同。桧枝岐村的木盆盆身曲线圆滑，一直延伸到盆底，表面有用锛斧刮出来的一片片鱼鳞般的纹路。其他地方的木盆有平底的，有不带鱼鳞纹路的，也有给表面上漆的。

在桧枝岐村，制作木盆的原材料是日本七叶树。

“日本七叶树是高大的乔木，砍伐一次就能得到很多木料，拿来制作木盆的时候，如果有开裂的材料，或是省下了边角料，还能用来制作木勺或木铲。”

木盆师现在可以直接购入日本七叶树的原木。但在从前，木盆师得靠自己在山里搭个小屋，住在那儿自己砍树，再把砍下来的木头加工成木盆。如今材料的主要来源，不是靠国有林的下拨，就是通过木材商购入。

因为所用的木材体积颇为可观，所以基本上采购的都是本地产的日本七叶树。现如今，原材料已经不容易买得到了。平野先生他们有时会购入整根原木，但这样就没法逐段检查木头里面的状况，如果锯开来发现有木节，有腐坏，或是有开裂，就无法单纯从原木的大小来预计能做出多少个木盆。

“如果在制作过程中，发现木盆的边缘部分出现了木节，就没法继续加工成合格的成品了。遇到这样的情况只能中途放弃，而这种不得不半途报废的情况一年总会遇到五六次。这种有木节的木头加工起来也困难，如果做成商品卖给别人，用的人也会嫌弃吧，所以只好报废扔掉。但这种木节，就算在购买原木的时候非常仔细观察木材的外部也是很难发现的。”

木盆师买来了日本七叶树的木材之后，会认真地研究能从原木上做出多少个、多大的木盆。平野先生向我们解释了“取木”这个步骤。

“日本七叶树的心材（最靠近中心的木材）很容易开裂，所以这部分木材是不能用的。一定要取外侧的边材，看看从纵向能切割出多少件木盆的粗料。多的话能分出三个，有时只能分出两个，四个是绝对不可能的。”

木铲或木勺，是由山毛榉上取出的直纹木板再经过加工制成的。

如今取木都用电锯来操作了。木棒上钻个洞就能做成简易的圆规，在木材表面画出要做的木盆的直径，然后就用电锯根据这个圆对木材进行大致切割。到此为止的工序都是在伐木场完成的，接下来就要转移到工坊里，把切割下来的木段中间掏空，做成木盆。

工坊里有一张橡木做的方形工作台，这张工作台有一米多都被埋在地里，高出地面的部分大约只有3厘米。在加工木盆的过程中难免要挥斧弄刀，此时桌子哪怕有轻微摇晃都是十分危险的。所以必须牢牢地固定工作台，保证稳定性。

将之前按照大致尺寸切割好的木段，用电锯在中间准备削去的部分划出一道道锯痕。这道工序从前全凭一把斧子完成，据说削好一个木盆得花一天半到两天时间，如今备好料到做成一个成品只需要一天时间。

“多亏有了电锯，粗削的工作轻轻松松就能完成了。所以说，这种新工具好不好全看人们怎么去用。虽然不能用电锯做细工，但在粗加工阶段还是可以加以利用的。”

有人说机械工具和电动工具的出现和使用是造成传统技艺衰退的原因，但我却有不同看法。机械工具也有机械工具的使用方法。对粗加工或备料这些工序来说，使用机械工具的效果就很好。随着工具的进步，匠人们的技术也需要同步精进。要能读懂木材的特性,学习如何使用新工具，这都是手艺人应该下的功夫，而不应该被称为堕落。如果技艺不精，又不熟悉木材的生长特性，满足于什么都靠电动工具代劳，才会造成技艺的衰退。

用电锯在要削去的部分划出锯痕之后，就要用一把被称作“手挥锛”的锛斧来削整木盆的内侧。“手挥锛”是刀刃在内侧呈曲线形的一种工具。你可以想象一下榔头后半部分羊角样的起钉装置，再想象把起钉用的那个分叉部分拉成一个平滑的弧线，加上刀刃，就成了手挥锛。手挥锛的刀刃像斧头一样厚重，工匠们就是利用这称手的重量，在一整天里不停地削凿。刚开始的时候下手可以粗犷些，大块大块地削，但接近成型的时候，就要细细地凿刻，让刻痕形成鱼鳞般的纹路，这就需要工匠对力度有细致而准确的掌控。一下没凿好，纹样就不成形了，成品也就毁了。

匠人看似无心地挥几下手，就凿出了漂亮的鱼鳞纹路。近些年来，也有人直接用机器将木料挖成木盆，再在成型的木盆内雕出这种鱼鳞般的花纹，但工匠们在用手挥锛的刀刃削凿木料时能透过手感洞察木料的性质，并雕凿出曼妙的曲线，这是机械工具无法办到的。

手作工具的好处就在于操作的时候可以用手进行微调。经过多年锤炼的工匠们的手简直就是装有感应设备的精密仪器。刀刃的细微触感、反作用力、敲击所发出的声音、手上的感觉，工匠会在不知不觉中对这些信息做出反馈，在操作中进行相应的修正，这也是机械工具做不到的。也正是这些手上功夫为材料扬长避短，使成品散发出温暖的质感，更有韵味。

为了学习制作木盆的手艺，平野先生在27岁时成为学徒。当时平野先生在奥只见地区开荒种地，他在那里遇到了一位木盆师,于是便拜师学艺。他从一些杂活儿开始干起，先是帮师傅打下手，积累备料和实际操作的经验，两三年之后已经可以独立做出成品了。

“虽然这活儿我已经干了几十年，但常常还是不满意自己的手艺，例如取木取得不够完美，或是凿纹可以更整齐。”

取木过程中需要对木材的内部情况进行推测和判断，这得依靠从经验中积累出来的观察力。而挥斧凿木考验的则是技术的准确性，也不是一朝一夕能成就的技能。工匠们每做完一个成品都会反省过程中的细节，这样下一次手艺才会更精进。

用来加工木盆外侧造型的也像是一把小锛斧，前端的刀刃成弧线形。平野先生用来做木盆的工具很简单，只有这两种锛斧、电锯，还有抛光盆口用的刨子，这就是全部工具了。仅凭手挥几下锛斧，就能在木盆上凿刻出如此细致的花纹，实在不可思议。很难想象斧头这样的工具能胜任这样精细的工作。但工匠们就是拿着一把被磨得锃亮的锛斧，借助斧头本身的重力，有节奏地一上一下，把一整块木头削成一个木盆。

但可想而知，如果每个木盆都要像艺术品一样小心谨慎地细细雕琢，那木盆师就没法指望靠这门手艺养活自己了。

“在从前没有现金的时代，这个木盆的价格就取决于能拿它换多少大米。从前的米价也比较高，一个木盆只能换来这个木盆能盛下的那些米。”

一尺二寸的木盆只能装下二升五合大米。要想增加收入，就只能尽可能多地制作一些木盆。为了追求效率，就连细致的工序也用上了坠手但利落的斧头。久而久之，木盆师们就练就了自如操控斧头干细活儿的手艺。

“如果没有这个木盆，就没法和荞麦面团了。”

无论是塑料制品，还是陶瓷制品都无法代替这个木盆。

“木盆上鱼鳞般的凿纹能在揉面时防止面粘到盆上，用木盆做拌饭或准备寿司的时候，边材的肌理有利于吸收水分，可以防止米饭变得黏糊糊的。所以无论是好吃的荞麦面，还是美味的寿司或拌饭，都离不开这个木盆。”

如今，木盆的订单络绎不绝，但木盆师却不多了，平野先生的手艺眼看也是后继无人。干这个活儿必须要经过多年锤炼，但长期的付出和每天的辛勤手作并不能换来合理的收入。另外，原材料不足也是个问题。

我采访平野先生的时候，工坊里摆放着的木材听说是从岩手县置办来的。但就算有运输费、原材料供应不足等难处，木盆这种日常用品也不能随便涨价。

在这个村子里，还有很多做木勺的工匠。

做木勺要从山毛榉上割下直纹木板，用柴刀劈出一个大概的样子。接着烧一锅水，把木料放在水里煮，等木质变软之后，再用专门的小刀掏刻出凹陷的勺头，并对造型进行细致调整。

平野先生冬天的时候也会做木勺。虽然木勺的工序简单，但与木盆相比，制作木勺更难，更需要手艺人扎实的功底。一名工匠要能做木勺至少得经过五年的锤炼。一个成熟的工匠一天里能制作出上百个木勺，但平野先生说现在最多也只能做 30 个了。可能和上了年纪有关系，但主要是工作的环境改变了。

对制作日用品的工匠来说，手工费就是他们的收入，做得越多就赚得越多。如果做不到一定数量，就没有足够的钱去买柴米油盐来养活一家人，所以他们必须没日没夜不停工作。村子里会给勺子定一个价，工匠把勺子统一交给村里换来现金，然后再用这些钱购买生活必需品。

然而，后来情况出现了变化，出现了赚钱更快更高效的美差。大城市里的工资高，吸引了许多农村人口。这已经不是只能靠制作木勺或木盆来获得收入的时代了。村子里比平野先生年轻的木盆师就只有一个人而已，那个人比平野先生小八岁，也是年逾六十的老人了。而二位老先生对做木盆这件事并没有半点厌弃。

“这活儿干起来可有意思了，完全干不厌。每一个都要靠自己的一双手来制作，每一次用的材料也不尽相同。这次做得好，下次又会想着哪里可以换个方法试试。碰到身体状态不好的时候手也会不利索，那就索性休息。勉强做，或是赶着时间做都是做不出好物件的。”

有人说，不论什么工匠都是因为在手艺中找到了乐趣才能坚持下来的。那么手工艺之所以会后继无人，是不是因为后来者没有发现这工作的有趣之处呢？还是纯粹因为赚不到钱呢？

等木盆完全消失了之后，人们会用塑料或金属质地的大碗来揉荞麦面团，做什锦拌饭。当木盆师的身影消失之后，自然也就不会再有木盆出现了。这也是没办法的事。不过现代人总会找到新的替代品，或许索性由机械代劳也说不定。实际上，我们距离木盆完全消失的那一天也不会太远了。

船匠

船的造型和各个部位的名称因所在地区不同而有所不同。

以在河里航行的船只为例，长良川里淡水渔夫们的木船用的是松柏之类的长青针叶林木材，船型细长，船底到船舷的距离较深；而熊野川的淡水渔夫们所用的木船，形状就像一片树叶；再到冈山县的旭川，那里的木船船尾像是被一刀切平的，船头像是装了一个木箱；秋田县的木舟被称作“簸箕船”，船头像簸箕一样，没有突出的尖端，四万十川的木船差不多也是这个样子。

船的造型取决于船只的用途、其所航行的河川的地形地貌、水流是否湍急、河中是否多深潭。如果是捕鱼船，要捕获的鱼的种类也会影响船型的设计。

最早的木船就是用一根原木挖成的小舟。在尼泊尔的博卡拉湖，在亚马孙丛林中的河流里，我也曾划过当地人制作的独木舟。博卡拉湖里的小船就是由一根原木刳成的独木舟，坐在船上就像坐在一条弯曲的黄瓜里。船主大叔能轻松地将独木舟划到对岸，但我们自己尝试了一下，船却一直在原地打转。我和友人一前一后坐在独木舟里奋力地划着桨，但怎么也划不像样，场面实在太滑稽，把我们自己都逗乐了。

我们也曾在亚马孙流域的奥里诺科河上租了当地的小船逆流而上。从前这种船都是靠简易的手划桨来推动前进的，现如今这种能装下大约 10 个人和好些行李的小船也装上了 5 匹马力的马达，能轻松地逆流而上。制作这种小艇也要将一棵粗壮的大树掏空，将中间撑开。船身中间还要架几根横档，帮助船身抵抗水中的压力。

另外船上还会备着轻木的枝条。轻木枝大概就像成人食指和大拇指指尖相抵时围成的圈那么粗。轻木的密度大约是每立方厘米 0.2 克，比水轻，多用作木筏或救生浮木。

原木做成的船只，如果船身上有木节就很容易腐坏或损坏，而腐烂或受损的地方就会漏水，当漏水的地方逐渐变大的时候轻木就能派上用场了。当发现船身有破洞或腐烂的时候，将轻木的前端削尖，塞进破烂的地方就能把洞给填上。轻木做成的塞子吸了水就把漏水的洞给堵住了。

如果粗略地总结一下，所谓造船的基本步骤就是：将一整根木头的中间掏空，加入木板做好支撑，修整成在水面上容易前行的形状，并确保船身不会漏水。诚然，随着技术的进步，船体的造型有了更多的变化，已经和刳木为舟的时代大不相同了，但说到底，对船只来说最重要的还是快速前行，不会倾倒，能装重物，不漏水。船匠的工作就是要造出符合这些要求的船只。

冲绳的鲨舟船匠

冲绳的鲨舟是一种造型优美的、沿用了传统制造技法的木船，它保留着原木造舟那种刳艇的造型。

鲨舟是为了去海上捕鱼而建造的船只。如今已经没有人再下订单建造鲨舟了。虽然在扒龙舟等各种节庆中还会用到这种木造的船只，但现在真正用作捕鱼的船只都已经改用 FRP（纤维增强复合材料，俗称“玻璃钢”）材料来建造了。

大城正喜先生（1926年生）作为家中第四代船匠延续着造船的事业，在他的造船生涯中，共建造了超过400条鲨舟。我去采访他的时候刚好赶上1994年的糸满市龙舟节。当时他已经把造船的生意交给儿子了，自己则做起了冲绳特有的拨弦乐器三线（蛇皮线）。

大城先生说，虽然大家都把鲨舟称作“撒巴尼”，但其实正确的叫法应该是“撒巴索尼”。“撒巴”在方言中是鲨鱼的意思，“索尼”就是船。不过对于鲨舟这个名字的由来有诸多说法。有人像大城先生一样，认为此船因出海捕捉鲨鱼之用而得名。也有人认为命名是根据船只所行驶的海域、船的形状、大小而来的：在浅水中航行的船日语中读作“赛布尼”；中空的船读作“素布尼”；而小舟则读作“撒布尼”，所以也有人认为“撒巴尼”是从这些词语的谐音衍生而来的。

也有人说是因为鲨舟造好之后要用鲨鱼的鱼肝油涂抹船身，故而得名。鲨鱼的鱼油是很好的防腐剂，还有防水的功效。大城先生自己的鲨舟也涂抹了鲨鱼的鱼油。

“涂抹一艘新造好的船大概要用到一斗（约18升）鱼油。刚涂抹完的时候味道可不好闻。”

鲨舟的造型和制造方法都在发生改变。

“实际制造的鲨舟虽然大小不一，但标准的尺寸是长7米多一点，宽1米左右。我建造过最大的船有4.5吨左右重，长度有 10 米，宽 2.4 米左右。长度在 7 米左右的鲨舟船底是圆的，但再大些的船船底就得做成平的了。”

在原材料充足的年代，一根木头就能制作一条刳艇。但随着大型木材逐渐消失，船匠也不得不通过拼接木材来造船。

从前造船用的都是本地的琉球松，这些年则多用宫崎县饫肥城出产的杉木。现在的鲨舟都是用杉木做成的组装船。鲨舟的船底是由前、中、厚三块厚木材掏空之后组装而成的。船身的侧面一般会用到两块木板，但鲨舟的船尾呈上翘的样子，高起的部分需要四块木板，所以侧面一共是六块木板。再嵌入船头和船尾的部分，就有一条船的样子了。

有这么一种说法：全部用同样厚度的木板拼接而成的船叫作“拼接船”；而像鲨舟这样一半靠刳木一半用木板拼接的则是“组装船”。工匠们加工厚木板时用的是斧头。

大城先生向我们介绍说：“粗削的时候会用锛斧，但木工们用的大木锛手柄是弯曲的，而我们用的锛斧是直柄的。”

鲨舟两边（舷侧）木板的厚度应在一寸半到两寸（约 4.5—6 厘米）之间，船底的木板要更厚一些，中间挖空之后，底部还要留两寸左右的厚度。为此，船匠们有时会准备八寸（约 24 厘米）厚的木材。将这些木板拼接组合起来的时候是绝对不能用铁钉的，板和板之间也不能堆叠。

“金属的钉子绝对不能用。用了铁钉的地方会生锈，接着那个地方的木头就会腐烂。所以需要固定的地方我们用竹钉或蝴蝶榫取而代之。”

竹钉就像缝衣针一样，可以防止木板左右移位；蝴蝶榫的形状就像一对展开的翅膀，嵌入相邻的木板里，把两块木板拼接起来。制作蝴蝶榫的材料是在冲绳被称作“查吉”的罗汉松，木质细密。为了把蝴蝶榫嵌入木板里，先要用凿子凿出沟槽。两块木板的接缝处要每隔36厘米嵌入一个蝴蝶榫，在两个蝴蝶榫之间则钉入毛竹削成的竹钉帮助连接木板。

船匠的基本功就是要将两块木板严丝合缝地拼接在一起。船匠的任务就是要制造出不漏水、耐水压且即使擦碰到珊瑚礁或搁浅在沙滩上也不会损坏的、结实的木船。

在后文中，我们还会介绍与鲨舟不同的其他木造船，但制造工艺中的木板接合技术基本上都是一样的。

造鲨舟的时候，只要长度决定了，船工的脑子里就已经有了船的雏形，根本不需要画图纸，只要直接在杉木板上画出草图，就可以开始锯木板了。

鲨舟的长宽比大概是6：1。船身中心再稍稍往前一点的位置是全船最宽的地方，船越往后越窄。船底较窄，最宽的地方也不过二尺宽（约 60 厘米），所以船身的横截面呈“U”字形。为了得到这个造型，在造船的过程中要向侧舷施加使之内弯和上翘的两种外力。这两种扭力使木板更为紧实，打造出的船型能更好地对抗水的阻力。

要使厚重的杉木板弯曲，用到的工具却很简单。将船的前端用框架固定住，用热水浇灌木板，依靠几根木头做成的收紧装置将木板一点一点扭弯，两块木板的前端闭合收紧之后再对侧面的形状进行调整。

鲨舟的船身纤细，底部呈“U”字形，但两边没有支腿，所以船容易左右摇晃。但能驾驭鲨舟的人们却能很好地利用这种不稳定性。

“用玻璃钢做成的船密度比水要大，船如果翻了就没救了，只能等着沉到海底。但木头做的船就算船身里进了再多水，只要把水都淘出去了，船就能继续浮在水面上。就算进了水，只要上翘的船尾或船头还在水面上，船上的人就可以用船上备好的木瓢将水往外淘。这是玻璃钢船无法做到的。船民在遇到暴风雨的时候，还会特意将船倾倒，倒扣在水面上，人就躲在翻转过来的船下避过暴风雨。船桨、木瓢、重要的捕鱼工具，还有其他重要的物品都有绳子绑着，所以不怕在大浪中飘走。船身里的横档都是增强材料，人只要抓住这些横档静待暴风雨过去就行了。等到风平浪静之后，再把船翻过来，鲨舟很轻易就能被翻转过来。扶直船身之后，人要迎着大浪把船推出去，这样浪头就能顺势把船里的水给带走。鲨舟的构造本身就很方便排水，这样一来，就又可以重新划桨前行了。鲨舟就是这样奇妙的一种木船。”

每年的农历五月四日糸满市都要举行龙舟节，参赛队伍在奋力竞争率先冲过终点之余，也会展示如何将鲨舟倾倒后再扶正，重新起航投入比赛。冲绳的扒龙舟比赛就是一项彰显鲨舟特性的竞技。

“鲨舟的特点就是航行起来像乘着海浪一般。首先鲨舟船头的造型就给人乘风破浪的感觉，而船舷的倾角和船尾上翘的倾角也使鲨舟更容易乘着海浪前行。鲨舟上还可以升起帆来，速度还能更快，掌握好风力的话，甚至可以比加装了引擎的电动船航行得更快。从鹿儿岛县的德之岛航行到冲绳只需七八个小时。船速最快的时候能达到每小时18 海里呢。不过通常还是靠划桨前行。”

鲨舟上没有舵，由船桨代替，船尾的人要负责用船桨来控制方向。

鲨舟的船桨在冲绳方言中叫作“卫库”，长约 1.5 米，桨柄呈直线，但划水的部分有曲面，桨叶的截面呈钝角三角形。桨叶部分的宽度约为 9 厘米，桨叶呈钝角的那一侧是外侧，当地人称作“瓦它”；平的那一面是桨的内侧，称作“吾拉”。划船的时候用桨的外侧推开水面，要调整方向的时候则靠桨的内侧拨动水流推动船身。从前有专门制造船桨的工匠，造桨所用的木材是厚皮香（野瑞香），这种木材在冲绳被称作“亦枯”。

“鲨舟的桨非常窄。桨叶要是太宽了容易拖泥带水，所以还是窄窄的比较好。入水的时候就仿佛拿着一把好刀削铁如泥的感觉。做得好的船桨划起来顺手，掌起舵来也容易。”

“捕鱼的人们都知道鲨舟的妙处，所以当冲绳回归日本本土[1]之后，我们收到了很多从奄美大岛等日本本岛其他地方发来的订单。那时候订单多到做不过来，有的人要等上两年才能拿到预订的鲨舟。现在我们做的鲨舟大都是龙舟节上的比赛用船，还有一些节庆活动上要用到的船。一条鲨舟如果好好保养，用上一百年也没问题，但要是玻璃钢船怕是早就报废了吧。”

木造船如果不好好保养也是用不长久的。

“现在的年轻人啊，做保养对他们来说太费功夫了。玻璃钢船很容易就能买得到，所以哪怕鲨舟的乘坐体验更舒适，更能乘风破浪，操控更有乐趣，还是会有人贪图方便选择玻璃钢船。”

1　1972 年 5 月 15 日，美国将冲绳群岛的管理权移交日本，冲绳县成立。

2000年3月，我再到糸满市拜访时，正赶上大城先生的儿子在建造一艘鲨舟，听说是比赛用的船。当时已经没有专门做船桨的工匠了，所以船桨也要由他们自己来做。而做船桨的木材也不再是本地的厚皮香了，取而代之的是进口来的南洋油崽木。

熊野川的平田舟船匠

如果说鲨舟是为了在大海里迅速航行而建造的细长型木船，那熊野川的平田舟则是能像树叶一样漂浮在水面上的小舟。中尾勉先生（1932年生）原本就职于日本国有铁道（JR日本铁路集团的前身），后来才当起了船匠。说起自己建造的航行在熊野川上的小船，中尾先生这样说道：

“在大海里航行的船，吃水（船身在水下的部分）要深，才能劈波斩浪顺利前行；但熊野川地形落差大、激流多，船要想在这里航行绝不能逆势而上，必须得是能顺着急流，浮在水面上的船。”

平田船靠木板拼接而成。既不需要掏空树干，又不需要叠合组装，也没有龙骨。尽管如此，小船还是能抗得住熊野川里的激流，可见这造船的工艺深有讲究。

平田舟船长二十八尺（约8.4米）。

“这个长度对于坐船的人来说没什么感觉，但是因为要有人站在船头撑船，如果船身不足二十六尺长，船尾就会翘起来。下锚的时候也是同样的道理。船更大当然更稳定，但撑起来就会很重，不过从前还是有大船的。”

不过归根结底，船只的尺寸还是要适应它所航行的水域。

做平田舟所用的木材是从本地山上砍来的杉木，而且只用最中心的心材，外侧白色的边材是不用的。

“边材容易腐烂，所以做船用的木头一定要把边材去掉。有木节的地方反倒更好。”

劈柴的时候，没有木节的木材很容易砍断，而遇到木节的时候刀就劈不下去了。同样道理，有木节的地方抗裂性能也强。

木节分两种。

一种被称为“死节”，用手指一按，“砰”的一声就从木头里掉出来了。有这种木节的木头拿来造船就麻烦了，所以要尽量避免。如果发现木料上有死节就要把木节挖干净，再用木片或楔子把洞填平。多的时候，造一艘船要填200多个死节的洞，这些洞不填好是不行的。

还有一种是“活节”，树上的枝桠就是从这儿长出来的。活节能很好地阻断裂缝在木材上延伸。木材上就算出现了开裂，遇到活节裂缝就不会继续延伸了。

“平田船的船底由四块木板拼合而成。船底被称为‘shiki’（敷），一定要四块板牢牢固定在一起。虽说只用三块也不是不行，但折断的概率就比较高。要确保四块板相互紧紧贴合，可想而知要用到许多钉子。四块木板拼合好之后必须要确保不漏水，虽然从表面上看不出来，但钉合四块木板一共要用到 90 多个船钉呢。”

船身的构造是这样的：拼合好的四块木板作为船底，在船底上加装带有坡度的横板作为舭板，日语中叫作“kajiki”（加敷），靠舭板连接船底和侧舷，船就初现雏形了。

为了抵抗侧面的水压，船身要加装横梁以加固两侧的船舷，制作横梁要用桧木的心材。收窄上翘的船头部分则要用榉木来制作，本地人把船头叫作“sabuta”。所有这些部件的形状都不规则，所以要把这些木板组装到一起也不是一件简单的事。

“用钉子将木板拼接到一起之后，木头表面是看不到钉子的，这种钉法叫作‘埋钉’。首先要用‘羽凿’在要埋钉的位置冲出一个眼儿，钉子如果垂直钉入木板的话可能会把木板钉穿，所以钻孔定位的时候要斜着凿。钉钉子的时候也要保持同一个入角。钉子埋好之后，再用小木块把剩余的钉孔填满。平田舟船匠就是用这种方法将木板互不重叠地拼接到一起的。”

船匠所用到的船钉和我们平时用的钉子是不一样的。每根船钉都是由铁匠锻造的平头钉，钉头弯成 L 形。这种手工精致的船钉每根都价值 100 日元以上。尺寸和长度各异的船钉埋入木板的角度要根据木板尺寸做出调整。船钉如果碰到水，又和空气接触，就会容易生锈，船钉生锈的地方木板就容易腐坏。为了预防此类情况，钉子一定要埋到木板里，让木板和木板紧紧贴合在一起。要想把钉子埋好，就必须先把入钉的通道打通，这就要用到“羽凿”了。

所谓羽凿，其实就是一种带有护柄的冲凿，可以冲孔也方便取出。修缮寺庙或重要木结构建筑的宫殿大木匠也会用同样的工具来钉和钉。羽凿搭配着手工钉，就是一组配合完美的工具。

“光是用钉子来连接木板还不能完全做到防水，所以还要用一种被称作‘杀木’的方法。”

所谓“杀木”就是用锤子敲打木板拼接口的边缘处。锤子的一边是平的，另一边是凸起的。要用凸起的那一面来敲，敲的时候仿佛要把边缘砸烂一样，敲过之后的接口边缘会凹陷下去。但当船在使用之后，木头吃饱了水又会膨胀起来，于是两边接口就会紧紧地贴合在一起。

据说如此造好之后的平田舟“别说是一辈子，就算是父亲传给儿子也没问题，甚至沿用祖孙三代的都有”。

如今的熊野川上只剩下一百来艘平田舟了。这里的玻璃钢船也多了起来，但无论是船的操控性，还是同等体积下的浮力，玻璃钢船都无法与平田舟同日而语。所以如果有船匠能造船的话，还是会有人愿意下订单的。但年轻人都去公司里上班了，据中尾先生说，比他年轻的、还在干船匠这活儿的，当地就只有一个人了。中尾先生还说，船坐着舒不舒服，跟船匠的手法大有关系。

“你也试着乘坐一下玻璃钢船，就会知道两者的差距在哪里。同样造型的两艘船，玻璃钢船上坐 5 个人就满满当当的了，而木造船坐 15 个人也没问题。”

之所以会差这么多，就是因为玻璃钢的浮力和木头的浮力相差甚远。但因为木船从订购到制作颇费功夫，人们还是会放弃木船的好处，选择更容易买到的玻璃钢船。

像熊野川的平田舟这样靠木板拼接而成的木造船在其他地方也有很多。

冈山县的旭川船匠

发源于日本中国地区山地的旭川，在汇集了多条支流之后，来到冈山县御津郡的建部町，从这里开始，旭川将沿着冈山至津山的津山铁路线一路直下，在冈山市流入濑户内海。从津山线的列车上向窗外眺望，总能看到几艘木船停泊在水面上。那些木船船身宽而浅，船头尖尖的。有时也能看到船家拿着长篙抵住河岸把船推出去，撑着船逆流而上。渔夫们会乘着这些船在旭川里钓鱼或是撒网捕鱼。

住在建部町的船匠山元高一先生是在明治四年（1912年）出生的。他14岁时就开始造船了，多年以来，他建造过高濑舟[1]、渡船、游船（区别于渔船的、用于游玩的小舟）等各种类型的江船。

我造访山元先生的时候，他正在修缮一艘长八间（约15米）、宽八尺（约2.4米）、高四尺（约1.2米）的高濑舟。听说这艘船原本就是山元先生亲手建造的，当时是为了本地观光业的需求而复刻的一艘高濑舟。在山元先生工作的地方还有两只正在建造中的小船，都是长十五尺（约4.5米）的木舟。

“不同种类的船只在造型和结构上会有一些区别，但船匠要做的工作都是一样的，那就是要建造出不会漏水的船。”

高濑舟的船底用松木做成，其他木船用的多是杉木。

“要造好一艘船首先得选择好的木材。”

1 原指航行在京都高濑川上的平底船，泛指在江河中行驶的小船。

山元先生从前都是自己进山去挑选木材，最近身体有些力不从心了，就拜托熟人帮忙采购木材。

山元先生口中所谓的好木材，就是心材的部分较多、木身有许多活节、韧性好的木头。这与前文中建造平田舟的中尾先生的说法不谋而合。但是看不到木头的里面，又该如何挑选木材呢？我就此问题请教了山元先生。

“树干看上去滚圆的会比较好。如果树干表面高高低低的，那里面就很可能有裂纹了。山上孤零零一棵的那种树也不行，旁边没有遮挡，伸展的树枝会被大风吹得东摇西摆，这种扭力会造成树干扭曲，甚至让树干和树根分离。”

山元先生说，德岛县池田地区的杉木，或是宫崎县饫肥城出产的杉木就很好。建造鲨舟的大城先生用的也是饫肥出产的木材。

“木头里的裂纹我们这儿称之为‘heda’，但宫崎的杉树里是没有裂纹的。造船用的话不用打枝，培育出来的杉树里就会有很多活节。打过枝的树干里反而会留下许多死节，在使用木材的时候就不得不先去掉死节，再把洞填好。”

买来的木材最少也要放置一年半的时间，让木材彻底干燥。山元先生的工坊里堆放着许多不知已经干燥了多少年的木材。在干燥的过程中，木材的秉性才会显露出来。了解了木材的秉性，才能决定把它用在什么地方，以及怎么用。

同样大小和造型的船，价格的高低就取决于所用木材的优劣。

“杉木的心材就非常好。靠近树皮的边材，以及年轮最中心、被称为‘髓’的部位就不能用，因为髓容易折断。最好的是贴着髓的部分锯出来的木板，用这部分木板造出来的船最耐用。相应地，价格也更高。”

船匠会根据订单要求的长度和宽度来决定船的造型。其实只要长度定下来了，宽度也就没有太多选择余地了。船的曲线必须确保船身的张力在合理范围内，所以每条河流都有适合其航路条件的船型。这些船型的设计都藏在船匠们的脑袋里，保持船身的合理张力全靠船匠的直觉和经验。要能参透木材的秉性才能得到完美的曲线，如果硬来就容易将木材折断，也可能无法调整出理想的造型。

“在我技术还不成熟的时候，是无法为一艘木船调整出理想造型的，但也只有能做到这一步才算是一名合格的船匠。从前做船匠的学徒，说是五年就能出师，但实际上五年远远不够。”

就让我们以十五尺的小木舟为例，介绍一下木船各部分材料的名称以及拼接木板的方法。

船底又叫“底板”，用的是厚度一寸（约 3 厘米）左右的杉木。根据不同情况，船底选用三到五块木板拼合而成。

船底中间再偏前一点的位置最宽，鼓向两侧，前端是尖的，后方略微收窄，呈箱形，船尾呈一刀切平的样子。

位于侧面的是“侧舷”，侧舷要与船尾竖起的“立板”，以及船头翘起的“船首柱”相衔接。所以说一个侧面是由三块木板拼接而成的。

为了让这种中间略鼓的船型更稳固，要在船身前后增加横向的稳定装置。加装在船首柱的尖端起到保护作用的横档叫作“雨押”，安装在船尾的挡板叫作“尾雨押”，还有船头绑缆绳用的横梁，船身内前部和后部安装的坐板，以及紧紧卡住船舷两侧边沿的两根横梁。

木材上的所有死节都要去掉，留下的洞要用木料填满，再用刨子刨平。

“活节也可能会有细小的裂纹或开裂，所以要用锤子将桂竹削成的竹签钉进每一个木节里。虽然这是一件颇为费时费力的工作，但只有这样做才能保证船身不漏水。”

将桂竹劈开，劈成一条条细竹片之后，再把前端削成刀刃一样尖。还要根据活节上发现的裂纹或裂缝的宽度，削成大小合适的竹签，用锤子将竹签钉到木板里。完全钉实之后，要把竹签多余的部分切掉，将切口均匀地磨平。竹子抗水性能好，不易腐烂。所以就要靠这种方法，用竹签把每个活节都填结实了。这项操作让我想起了奥里诺科河上的印第安人用轻木来填埋船上的洞，完全是同样的原理。

造船的过程中还会采取许多不同的防漏措施。

和中尾先生一样，山元先生在拼接两块木板之前也会对接口四周进行“杀木”处理。敲打接口边缘使木材凹陷，等到膨胀反弹以后，两块木板就能紧紧地贴合在一起了。还有一种方法，是用一把叫作“刷锯”的长柄纵锯，将接口处刷毛，再把罗汉松或桧木的韧皮磨成的纤维状粉末，撒在两块木板接口的表面上，增加密封性。

“如果不这样处理，当日照强烈的时候，木板接口的位置就可能开裂，开裂的地方就可能混进泥沙，嵌在缝隙中的泥沙很可能会腐蚀木料，烂泥会渗透到木材里，就像伤口化脓一样。所以为了避免这种情况发生，一定要用刷锯把接口的表面刮毛，这些毛糙的表面吸水之后就会膨胀，防止泥沙侵入。如果还进行了杀木处理，那就可以更放心了。”

但杀木处理只适用于杉木。高濑舟的船底用的是松木，也可以敲，但敲过之后不会再膨胀回来。不过松木也有一个特点，就是钉钉子特别牢，敲进松木里的钉子拔都拔不出来。

“或许你会说，既然松木不容易裂，用它来建造捕鱼的小木舟不好吗？但你要知道，松木很重啊，而且很滑。听说也有用桧木或罗汉松造船的，但罗汉松也很重，而桧木也容易打滑。如果船身湿了就没有能抓得稳的地方了，脚下也会打滑。在海里航行的船就无所谓船身的轻重了，但对航行在河川里的小木舟来说可不是这样。”

小木舟是靠一根长篙来操控的。听说一个人要想熟练地用长篙来撑船，大概得花八年左右的功夫。山元先生做的船，撑起来顺手，为了让船身轻一些，船头的部分会翘高大概八寸左右。如果是渡船，翘高可以达到一尺。这样就能让船变得轻巧，也让撑船成为一件轻松的乐事。

这设计中的巧妙都是靠山元先生自己琢磨出来的，每个船匠手上的功夫都不一样。如今的旭川上专门建造江船的就只有山元先生一人了，要是在从前，在各个船匠比着造船的时代，从很远的地方就能分辨出那些船都是谁造的。船的造型就有细微的差别，船头上翘的样子也是各家有各家的不同。

做了杀木处理，也用刷锯把接面刮毛了，也加入了罗汉松韧皮的纤维粉末，但木板与木板的拼接还得依靠羽凿和船钉。

“如果按照形状和长度来分，船钉也能分出十几种来。一个船匠造一艘船，会用到一百来颗船钉。你来看看这保护船头尖端的雨押上的那颗船钉就能知道，船上用的钉子都是带弯度的。通常要拼接的木板厚度在一寸左右，有时也有八九分厚的，船底要从一块木板的表面钉入，穿过两块木板的接口，钉完之后无论是钉子的头还是尾都不能暴露在外面。因为要靠钉子连接两块木板的拼缝，所以没法笔直钉进去。”

船钉打进去之后，表面也要用木料把剩下的半截凿坑填上。

像这样建造一只小木舟，如果一个人干，要耗费一个月时间。造好的船价格一般在30万到40万日元之间。算上材料费和人工成本的话，算不上一件合适的买卖。

虽然山元先生把造船的技艺传给了儿子，但他儿子现在并没有从事船匠的工作，因为这确实不是能养家糊口的营生。

“船匠就是傻子才会干的活儿。一年到头就是在敲敲打打，别人都管我们叫‘敲木工’。”

山元先生说着苦笑起来，但事实上，要把不怎么厚的木板不重叠地拼合起来，要确保接口处严丝合缝不漏水，还要确保船身能经得起河川中的激流，这绝不是什么简单的工作，不仅费功夫，也很考验技术。毕竟船身有哪怕一点点细小的伤痕，或是哪里造得不好，都是性命攸关的问题。

虽然现在造船时也会用到电锯和电刨等电动机械，但船匠们仍然依靠着传统的刷锯、羽凿、船钉、竹签，沿用着传统的木板拼合方法，制造出能在水上快速航行的、轻巧的、能保证乘坐者安全的船只。在船匠们精湛的造船技艺中凝结了长年累月积淀下来的智慧。

但即便在此地，靠外挂马达推动前行又容易买得到的玻璃钢船也几乎完全取代了木造船。小型木船之所以从各地河川中消失了踪影，并不只是因为造船的工匠越来越少了。使用木船的人少了，对木船的需要没有了，造船的人自然也就消失殆尽了。

那为什么人们不再需要木造船了呢?

其中一个理由确实是玻璃钢船的出现。玻璃钢材料是很容易买到的材料，这一点我们在鲨舟那一篇中已经提到过了。我们也介绍过，玻璃钢密度比水要大，所以它在水里的浮力小，操控起来也不方便。

除了容易买得到之外，玻璃钢船还有一个优势，那就是只要开了模，同样形状的船要多少就可以造多少，非常便捷。不需要经验老到的船匠靠眼力和直觉来参透木料的特性，也不需要多年磨炼积淀下来的技术。

除此之外，促使人们选择笨重而难以驾驭的玻璃钢船的，还有另一个重要的原因，那就是它可以使用外挂马达。船虽笨重，又不好操控，但有了引擎船就畅行无阻了。

于是，山元先生也好，中尾先生也好，船匠们煞费苦工，让自己的船撑起来更轻松，但在外挂马达面前，工匠们原本引以为傲的优势显得完全没有必要了。

江船的身影之所以会逐渐消失，还有一个很大的原因——船只不再是必要的交通工具了。依靠水道航运的时代已经结束了。随着铁路网络的成熟发展，再加上公路网络的扩张，重型货车在各地飞驰起来。

举例来说，原本北上川是贯穿岩手县到宫城县的重要水道航路，从入海口的石卷市到内陆各个地方的货物都要依靠江船在北上川进行运输。而当东北线的铁路竣工之后，这条航道上的船运业便渐渐衰退了。接着铁路运输又随着高速公路的扩张而被货车替代。

小型江船原本还是捕鱼用船，但这种渔业也逐渐消失了。

在长良川、四万十川、冈山县的旭川以及和歌山县的熊野川上，现在还能见到乘着江船在河里捕鱼的情景，还能找到专门在河川中捕鱼的渔夫。

这些在江里捕鱼的人都会用到木造船。他们用长篙或木桨操控木船，在平静的水面上更容易靠近鱼群或渔网，方便捕鱼。

但是，我们的河川也在发生变化。水质受到污染，河道中的沙洲不见了，岸边筑起了混凝土堤坝，原本蜿蜒的河道变成了笔直的。正是在这些变化的作用下，河川中的鱼儿们不见了。鱼少了，以捕鱼为生的渔夫的生计就没了，自然也就不再需要木船了。

1992 年时，我走访了长良川上的职业捕鱼人，听他们讲述了自己的故事。我采访了一位祖传三代的渔夫，但他的儿子却没有继承这门手艺。虽然他也想过要带着儿子去打鱼，父子二人坐在船上，他手把手地将这门有趣的手艺教给儿子，然后跟儿子说“你来试试吧”——但这个愿景至今未能实现。

下一代之所以没能继承这件“有趣的工作”（那位渔夫的原话），正是因为河里已经没有鱼了。

以下，就让我们稍稍岔开话题，把制作工具的工匠们先摆在一边，来看看江船的使用者——河川上的职业捕鱼人又有着什么样的故事。从工具制造者的衣食父母的角度，或许我们能发现故事的另一面。

长良川的渔夫

大桥亮一先生出生于昭和十年（1935 年），他的父亲和弟弟都是长良川上的渔夫。他现在隶属于长良川下游渔业工会。

我见到他的时候是在 1992 年。

“除了我们家之外，这里专业捕鱼的人大概也就还剩十来个左右。”

大桥先生向我介绍说，即使现在还在捕鱼，但能捕到的鱼的种类已是寥寥无几。

“从前能捕到的鱼种类可多了，但如今生活的各个方面都改变了，新嫁过来的媳妇煮菜都不会煮鲤鱼或鲫鱼了。现在大家都习惯去超市买处理好的鱼来吃。事实上，现在能卖得出去的就只有皋月鳟、香鱼和螃蟹而已。种类真可谓少之又少。”

当地人管香鱼叫“ai”。河川里的渔夫捕鱼靠的不是钓鱼，一条一条地钓可没法养家糊口，所以大家几乎都是靠撒网来捕鱼。也有人用一种叫作“筌”的竹制捕鱼器。

渔夫的工作从 4 月 20 日左右开始。先捕皋月鳟，皋月鳟在 5 月最多。然后就换成捕香鱼，直到 9、10 月份为止。11 月开始，日本绒螯蟹的禁渔期就过了，就可以开始捕螃蟹了。

所谓的职业捕鱼人究竟能捕到多少鱼呢？以香鱼来算，大桥先生兄弟二人从 5 月到 9 月的五个月里，能捕到一吨到一吨半。以一公斤为一箱装箱后出货，市场上这样一箱能卖到 10 000 元左右。虽然价格也不算低，但捕鱼用的渔网和其他耗材也是一笔不小的开销。根据捕鱼时水位的高低，渔网也有几种不同的类型，每一个渔网都是渔夫们倾注了心血，亲手编制出来的。而且，为了不伤到渔获，把鱼从渔网里取出来的时候往往需要把渔网剪破。所以一张渔网的寿命通常在30—40天。

虽然大桥先生和当地的渔夫们如今仍从事着捕鱼事业，但河川的模样已经改变了，鱼的数量也在锐减。

“从前河里的鱼多到会涌出网外呢。我小时候，河水清澈到能望到河底，鱼儿们乌泱乌泱地游过来，那时候父亲带着我去捕鱼，我总是会奇怪，明明有这么多鱼，为什么父亲不把他们都捞上来呢？”

“但也有过河流被严重污染，以至于无法再捕鱼的时期。那是在昭和四十年（1965年）前后，由于工业污染，河里就算能捕到鱼，也都是臭的，没法吃。现在情况算是大为改观了，曾经可是差点就要成为臭河沟的。”

虽然现在河流已经变干净了，但大桥先生他们捕来香鱼之后还是会把鱼肚肠都掏干净再装箱。这也是因为河流环境发生了改变的关系。

“从前的河川里有许多大石头，后来为了疏浚，将这些大石头清理掉之后就只剩下沙子了。但香鱼这种生物离开河里这些石头是没法生存的，因为石头上长的苔藓就是香鱼的食物。如今只剩河底的沙子了，所以香鱼在吃苔藓的时候无可避免地也吃进了沙子。这样的香鱼被捕获上来，卖到顾客手里，顾客直接拿来盐烤的话，就会吃到鱼肚肠里的沙子，所以现在捕来的香鱼装箱之前一定要先去肠。真是又糟蹋食材又费功夫的一件事。”

“从前的长良川，河道里有沙洲，河岸有柳树。现如今的长良川只是一条两岸筑着水泥堤坝的水渠。在这样的水域环境中，就算有再多的香鱼也长不大。从前如果上游的郡上地区下雨，大水一般要过八九个小时才会流到这里，如今却要不了六个小时。水一下子就涌过来了，流走的时候也很快。鱼儿们根本没有可以避难的地方。”

话虽如此，但在游客们的眼中，长良川依然是一条水美鱼多的河流。虽然像大桥先生这样的职业捕鱼人还能在这条河上以捕鱼为生，但为他们造木船的船匠已经在长良川上销声匿迹了。

长良川里的船多是用罗汉松科的木材建造的，船形细长，船舷较高。大桥先生他们都要委托住在旁边揖斐川沿岸的船匠来为自己造船。

“如果这船也消失了，那我们就没法捕鱼了。”

或许这只是说说，但这种危机却正在变成现实。

河川里也好，海里也好，木造船的踪影都在逐渐消失，但这并不代表所有种类的船只都在消失。无论是湖泊中、江河里、海上还是港湾里，都还能见到游艇或捕鱼船的身影，船厂还在不断根据客户各式各样的要求建造出各式各样的船。

不过就手工造船业来看，消失的不只是造船的工匠。

前文介绍鲨舟的时候提到过，从前有专门从事橹桨制作的工匠。这项职业及其从业者们也已是寥寥无几，剩下的人可能已经屈指可数。接下来，我们就来介绍一下橹桨匠人的故事。

在大阪制作橹和桨的工匠

《咔哧咔哧山》故事里的兔子和狸猫就是用木桨来划船的。“一寸法师”的故事里只有拇指大的一寸法师也是把碗当作木舟，把筷子当作桨，一路划到了京都。渡船码头上，船家摇着橹将乘客送到对岸。从前捕鱼人集中的村落里，走到哪儿都能看到放着橹或桨。我访问东京都羽田区的渔夫时听说：“直到昭和三十七年（1962 年），个人的渔业权被收回之前，这个住满了捕鱼人的村落里，到处都能见到家家户户门前摆放着橹和桨。”

小船前行时所需的动力可以用帆借助风力，或是顺着河流的走势，但如果要控制小船前行的方向，那就要靠船橹或船桨来掌舵。

经常看古装剧的人们大概都会知道，在划船的场景，船家站在船尾，通过推拉一根长长的木棍来使小船前行，这船家手里摇的就是所谓的船橹。但对于今天的孩子们来说，他们所见到的船只多是引擎驱动的，所以有不少人都不知道船还能靠摇橹划桨前行。借此也不难发现，橹和桨已经与我们的生活渐行渐远了。

如今还在大阪制作橹桨的就只剩下住在港区的山本安平先生一个人了。山本先生出生于大正十二年（1923 年），他已经是家里的第四代手艺继承人了。

我是在 1999 年夏天对山本先生进行采访的。山本先生告诉我，在我们面前的就是水都大阪具有代表性的著名河流“尻无川”，但因为附近高楼耸立，我们看不到河流的样子。说着山本先生就发动起了停在自家门前的重型卡车，卡车在隆隆声中奔走着把我们带到了河边。

山本先生的店面正对着街道，招牌已经沿用了几代了，上面写着“橹桨”。这就是历史悠久但仍在营业中的橹桨工坊。

“从前光大阪就有十八家像我们这样的工坊。战后就只剩五六家了，再到十年前就只剩我们一家了。”

“虽然现如今也有三十几家船具商会跟我们下订单，但订制的大都已经不是橹和桨了。近几年的订单多是像这样带木柄的钩子或是像艇钩那种在竹竿的一头装上铁质尖钩的工具，还有救生艇上用的船桨、杠杆、用来移动重物的滚木装置，有时也会有人来找我们定制在车船渡上用来抵住车轮的木档。正经制作船橹和船桨的时代也就只到昭和60年代前半段而已。后来好像就只有少数人偶尔想到了才会发来零星的订单。”

山本先生为了确保我对橹和桨有正确的认识，特意为我介绍了一下两者的区别和使用方法。

“这是橹，一般装在船的尾部，人通过摇橹来为船提供前行所需的推动力。一支橹可以大致看作由‘橹柄’和‘橹板’两个部分组成。”

掌舵的人摇动的部分就是橹柄，橹柄形状和人的手臂也有几分相似，所以在日语中叫作“橹臂”。

橹板也叫橹叶，日语中有人把这部分称作橹的“脚”。橹板上表面薄而隆起，背面则呈略带弧面的细长平板形状，用来拨水的就是这一面。橹板的横截面和飞机螺旋桨截面的形状是一样的。通过摇橹使得像螺旋桨叶片一样的橹板在水中来回拨水，就能使水流形成推进力。而如果只是一块普通的木板是无法达到这种效果的。

“以前摇橹船大多都是驳船。驳船按大小又分为‘三寻船’‘三寻半’‘四寻’等。一寻就是一间，约 1.8 米长。四寻长的船上所用的橹桨光是橹板的部分就要有十二尺长（约 3.6 米）。制作橹板要用青刚栎属的栎木，橹柄则多用锥栗属榉木。”

虽然栎木中有白背栎、日本常绿橡树等各类品种，但制作橹板要用赤皮青冈。虽然这几种木材在抗水性能上没什么区别，但白背栎和日本常绿橡树都太重了。但我在查阅了一些资料之后发现，有些地区的工匠也会使用日本常绿橡树作为制作橹板的原材料。这可能也是因地区、因工匠个人而异，其中也牵涉到工匠的创意和技术、成品好不好用、使用者的期望或原材料采购等问题。

橹柄的部分要用榉木来制作，因为榉木质地又轻又紧致。把橹柄和橹板拼接起来就成了一支长长的橹桨。橹柄和橹板一般是靠打进两个楔子来连接固定的。以前会用棕榈绳捆绑加固，现在多用铁丝来固定。山本先生用的是 21 号的铁丝。橹柄和橹板从侧面看呈“〜”字形。这结构中微妙的角度是很重要的，如果夹角太陡，橹板入水过深，摇起橹来就会很重推不动，而如果角度太缓，拨水时无法形成足够的推动力。这角度的拿捏就要靠工匠的直觉和经验了。

除了橹柄和橹板两部分之外，橹上还有一些细节部位。橹柄的顶端有突出的把手方便船家摇橹，在橹板靠近橹柄的部分要附加一块带有凹洞的橹垫，那个凹洞被称作“橹脐”，船尾上凸起的橹支钮就要嵌在这个橹脐里[1]。橹绳的一头固定在船底，另一头系在橹柄的把手上，方便来回推拉橹桨。橹垫上的凹洞底部是圆滑的弧面，这样人在推拉橹桨的时候橹板就可以灵活地摆动。整个橹就像一根杠杆，支钮是支点，橹柄上的把手是摇橹人的施力点，插在水下的橹板靠人施在橹柄上的力来回拨水产生推动船前行的动力。

因为橹有一个弯曲的弧度，所以人只需要水平推拉橹柄，橹板就能在水下形成“8”字形的运动轨迹，从而轻松推动小船前行。

“这些呢就是桨了。”

山本先生说着递了两把桨给我看。其中一把桨跟《咔哧咔哧山》故事里的兔子拿的桨形状相同，手握的地方呈棒状，划水的部分则像海狸的尾巴一样扁平。

“一般的桨握杆较大，桨板也较宽。像这样形状细长的就是棹。用桨的船一般都会在船舷上用绳索等材质做成环，将船桨穿过这个环，划桨时桨板也要做‘8’字形运动。桨一般长六七尺，驳船上使用的话要看驳船本身的大小，三

---

1 原文中将橹板上带有凹洞的橹垫称作“入子”，而将船尾的橹支钮称作“橹脐”或“橹桩”。此处参照中文文献，对相应的部位名称做出了调整，特此说明。

寻长的驳船就用六尺长的桨，要是有四寻长的驳船，那也得配上八尺长的船桨才行。”

做船桨用的是青冈栎。现在也有用龙脑香的，龙脑香是东南亚的木材，多用来制作地板。

划桨比摇橹可难多了。摇橹的人只要推拉橹柄，橹板就会自动在水下呈“8”字形摆动。但用桨就得靠划桨的人自己划出这样的运动轨迹。

“用棹就像撑篙一样，要将棹戳到河底，用力使船推出。最多见的就是竹子做的棹（竹篙），因为材质比较适合。如果要制作比较长的棹也会用到桧木，有的能有四间（约7.2米）长呢。”

撑棹的时候人站在船头，将棹插入水中，向下施力，把船推出。如果直接用一根长棍往水里撑，长棍受到水的阻力容易摇晃，但加工成了棹的形状，出水入水都能干净利落地完成。

“除了桨和棹之外，还有像翅膀一样的双桨。一般桨就分为这三种，根据各地船只造型的不同，所用到的桨的形状也会有一些不同。就拿橹来说，有橹柄部分偏粗或偏短的，也有橹板部分较窄的，橹叶隆起的部分有的弧度大一些，有的弧度则小一些。”

我在日本国立民族博物馆里见到了各类船和桨的展品：

秋田县川崎船所用的橹柄浑圆结实；捕鲸船的橹板表面鼓起，截面几乎呈三角形。看到船桨我就想到了宫本武藏。

传说当佐佐木小次郎在严流岛上等待武藏来跟自己决斗的时候，武藏正在前往严流岛的船上将船桨削成木刀。武藏之后就用这木刀劈开了小次郎的头颅。我心想，武藏应该很了解制桨所用的木材吧。但山本先生说，武藏用的恐怕不是桨，而是棹。山本先生之所以这样说，是因为做桨所用的青冈栎用刀是削不动的。山本先生他们处理青冈栎的时候都要动用刨刀，而且要挑选比较厚实有力的刨刀，把刀刃磨锋利了再用。但即便如此，也只能稀稀落落地刨出些碎小的刨花。

以前制橹制桨所用的工具就只是斧头、刨刀和锯子而已。

"要能做出像样的成品，那起码得磨炼个四五年。"

制橹制桨难就难在挑选木材和"取木"（切割木板）。同样和木头打交道的锯木工和船匠也有同感。要靠观察外表来推测木材内部的状况确实是一道难题。山本先生的父亲会带着锯木工去和歌山附近的山头上看自己要用的木材，不过大多数时候买的都是向阳而生的锥栗属榉木或青冈属栎木。

"能去山里挑选自己要用的木材还好判断一些，如果等木材砍伐下来了再选就难了。有时看着感觉还可以，但买了才发现内部的质量和自己判断的还是相去甚远。哎，即使到了这个年纪也还要不断地学习啊。我现在都会在靠近木根的地方用斧头稍微掀起一点表皮，借此来推断木材的韧性和脆度。”

“砍伐木材一定要在冬天。如果在木头吸饱水分的时候砍伐,最后整根木头都会腐烂。即使表面看上去没什么问题，也会从芯子开始腐坏，那就糟糕了。”

所以购买木材的时候没有这样的辨别能力是不行的。

用来制作橹叶的赤皮青冈买来的时候是长 4 米、直径一尺五寸（约 45 厘米）的原木。要切割这样的原木，先要把一根整木剖成四瓣。木髓的部分是不用的。

“山上的木头都有向阳的一面和背阴的一面，也就是晒得到太阳的一侧和晒不到太阳的一侧。用来制作船橹要用向阳那一侧的木料比较好。背阴一侧的木材韧性比较好，虽然韧性好也有其好处，但韧性强就容易扭曲变形。”

将原木劈成四瓣之后便得到了向阳的两瓣和背阴的两瓣。从其中一瓣向阳的木材上能做出四支船橹。如此算来，如果把背阴的两瓣也算上，总共能从一根原木上做出十六支船橹，但实际上很少能遇到这样好的木材。橹板靠近橹柄的地方比较窄，但比较厚，而橹叶的部分则要打磨得薄而平整。

所以不是简单地将原木劈成四瓣、去掉木髓，再从每瓣木料上取下四片木板就解决问题了。

“技术好的锯木工锯的时候手里会带着扭劲，普通的木料加工厂是做不到的。从前我家门前就是河滩，我们会请来伊势的锯木工替我们把木料锯好。”

说完了橹，再来说说桨。海里的船和淡水里的船所用的桨是不同的，要选用不同部位的木材制作。

“在河流湖泊中使用的船桨一定要选用心材制作，如果不用心材就会容易腐烂。我们家就是因为给琵琶湖上的船家们制造橹桨而名声大噪的。心材的部分韧劲好。但在海里，还是不要用心材的部分，用边材比较轻巧。有时木材的好坏也能根据树皮的状况来进行判断。”

韧劲或是坚脆，尽管有这些词来形容木材特性，但这种表达也很难做到确切具体。因为这也不过是和树木打交道的人们在工作中通过接触木材所总结出的一些感性认识而已。

制橹制桨的工匠不能事先备下原材料，自说自话做好橹和桨等着别人来买。因为无论是买家还是相应的船只，对橹和桨都会有不同要求。有时做好了橹还得拿到船上去做调整。所以橹和桨并不是一样能事先做好放在店铺里出售的商品。

山本先生说，自己年轻时用一天时间就能做好一支船橹，但现在得多用一倍的时间，而且还得是在材料都预先准备好的前提下。

我去拜访山本先生的时候是夏天，当时山本先生笑着说，今年到现在为止，连一支船橹的订单都还没接到。船橹的标准价格约为 50 000 日元，船桨的价格一般是 11 000—12 000 日元。“不过橹和桨的订单原本就不会很多，因为买一支橹可以用一辈子呢。如果买了新的船有可能想订制新的橹桨，但也可以就用原有的。”

如果预先购置好原材料，等着订单来，这生意就不好做了。

即使有人来想要拜师学习手艺，也没有活儿可以边做边将手艺教给徒弟。山本先生笑着告诉我说，当他跟想来当学徒的人挑明说这门手艺赚不到钱，之后就没有人再来过了。

现在的海港、湖泊、渔港里，有那么多船，有驳船也有小艇，不论船上是否装有外挂引擎，总也需要备着应急用的橹或桨，我想有这些订单的话，山本先生的生意也能不错吧。但山本先生说：

“如今船上的机器都不太会出故障，就像大家平时开的汽车，也很少会出什么大故障吧。从前人们总抱着以防万一的想法在船上备着桨，但现在大家觉得这东西没什么用又占地方，就没什么人来下订单了。”

工艺日益精巧、故障日益减少的引擎使得大阪仅存的一家橹桨作坊几乎拿不到订单。山本先生说，虽然自己在税务申报表的职业一栏中填写的还是“橹桨制造业”，但可能看到的人已经不懂这是干哪行的了吧。

垒石工

山坡或山谷中开垦水田和菜地的时候会在周围建起简易的石墙，城堡的周围也一定会垒起高高的石墙，一般住家的周围有时也会围起石墙，在河岸边也能见到用石头垒起来的防护堤。所有这些垒石砌石的工程都是石匠的工作。

石匠们能做的工程可谓包罗万象。可以铺设人行道，给建筑物外墙贴上薄薄的石板，以前有轨电车的路面也是用石板铺成的。除了垒石工之外还有制作石灯笼和石狮子的，刻墓碑的，虽然术业有专攻，但都属于石匠。

岐阜县的惠那郡是花岗岩的产地，柘植英雄先生（1950年生）是家里的第三代石匠，现在经营着一家石材公司。柘植先生的父亲曾经刻过墓碑，也铺过有轨电车的路面。柘植现在经营的这家石材加工所里有 90 多名工匠和员工。

他们会去附近的山里开采石料，也会从外国进口石材，利用电锯将石材加工成理想的形状，也承接各种石材在建筑物上的施工工作。

我见到栢植先生的时候是1995年，他说他的工厂能用切石头专用的锯子将石料切割成两毫米厚的石板。这种制作薄石片做建筑物贴面的工作以前是没有的，这也算是在石匠这一行里开辟了新的领域，也诞生了新的专业技师。这样看来石匠似乎是一项还在产生新工种的职业，但事实上，现在全日本拥有一级石匠称号的也不过才2 000人而已。这些石匠能够对石材的性质进行判断，并因材施技进行加工，将自己的想法通过成品表现出来。

在栢植先生的公司里，能对石材进行精细切割的工匠只有18个人，其中资历最浅的也有32年的从业经验，可见成就一名石匠需要付出多少时间。

在此，我们先介绍一下垒石墙这个活儿，以及石匠们的工作。

从前人们要是想简单地垒一堵石墙，就会到河滩边捡些石头回来。到山里或原野中随便挖掘一下，也能随处找到许多石头。这种天然的、未经加工的石头被称为“毛石”[1]。

---

1 日语中称作‘野石”或“野面石”，也有称作“nomen”的。

最初的石墙就是用这些从大自然中捡来的石块砌成的。在梯田水稻周围，或是山坡上的菜田耕地周围，都能见到这些用天然“野石”垒成的矮墙。

垒筑城堡、神社、大厦的石墙所用的，是从山里开采出来之后，经人手加工的石砖或石块，又称“琢石”[1]。

这些石材大多出自石山中的采石场，人们要用火药或重型机器，才能从石山上开采出这些立方体状的巨型石材。

在采石场工作的人被称为采石工，他们是处理石料的石匠。

我在岐阜县惠那郡蛭川村的采石场参观了石匠们开采石料的情形。据说这座山除了地面的山体之外，地下部分少说也有 1 500—2 000 米的花岗岩。采石工们要在像大楼外墙一般耸立的岩壁上用钻头打洞，放进火药进行爆破，再切割出巨大的立方体岩块。

虽然切割石头可以用机器来代劳，但为了能顺利切割出石块，依然要靠人眼来判断出“石眼”长在哪儿。

“就像木头会长出木节一样，石头里也会长出石眼。沿着石眼就能轻松切开石头，但机器没法自行判断石眼长在哪里，所以石匠的工作就是要观察石头，判断应该从哪里

1　日语中称作“樵石”或“切石”。

凿孔，从哪个方向切割才能切得漂亮。”

栢植先生指着石头上的某一处告诉我：“这就是石眼。”但我这个门外汉依旧是一头雾水。“岩浆要经过长时间的冷却凝固才能形成花岗岩。我们这里的石头‘石眼’一般都是南北向生长的，所以我想，这可能跟岩浆在固化过程中受到地球两极的磁力影响有关吧。”

采石工可以从山上开采出各种形状的石材，栢植先生以一枚长方体石块为例为我讲解。

“你看这块长方体石块各个面都很平整，就是因为这是沿着石眼进行切割的，如果不沿着石眼切，切割面就会凹凸不平。不过有些厉害的石匠也能利用石头的这种构造切割出球形的石料来。”

从采石场开采出来的巨型石料先要根据工程要求“精切”成体积较小的石料，再运送到施工现场。

进行这一步切割的时候，石匠们要沿着石眼的方向凿出一排孔洞，再往这些孔里打入被称作“矢”的楔子（石凿子），使石头裂开。现在打洞都用电钻来操作了，从前都是用凿子手工凿的。在那个时代，“精切”都得是有经验的老石匠才能干的活儿。

从前在采石场附近都会配备锻造设备，这是为了让工匠每天早上能给工具进行淬火处理。为了在处理坚硬的岩石时更有效率，也为了更顺利地切割出整齐的石块，石匠们要像木匠们一样，确保自己的工具处在最锋利的状态。淬火程度要根据石头种类做出调整。石匠们都会根据当天自己要处理的工作、当天天气条件，以及自己的习惯和喜好，调整好风箱来控制火候，用油给刃器淬火。因为要处理坚硬的石料，石匠的所有工具需要有一定的韧性。火候的控制、工具的加热方法、淬火的程度，都要靠工匠的直觉来判断，大多数时候石匠会用油（而不是水）来给工具淬火。

用凿子或电钻在石块上钻出小孔之后，就算是一吨左右重的大石头也能在一两分钟内完成切割。

毛石在经过精细切割之后大多会被加工成“间知石”和“布石”。所谓“间知石”就是上下两个平面都是矩形的锥台形料石。而“布石”则是规则的长方体料石。

在工具尚不完备的年代里，加工间知石和布石的操作与锯木工在尚未发明纵锯的时代里切割木板和柱子的操作很相似。从前的锯木工也要沿着木节打入楔子将木料切割开。

从一块 30 厘米见方，长一间（约 1.8 米）的石材上可以切割出 12 个三角柱体。一名合格的石匠一天能加工出 30 个底面 30 厘米见方的间知石。

无论石材的体积大或小，切割石材的操作方法都是一样的。都要沿着石眼先开孔，再打入楔子。如果孔开得不好，石头就不会按照既定方向裂开。孔的宽度要比楔子的尺寸略窄一些,底部得是平的。这样当楔子打进石头的时候，石头才能均匀地向两边裂开。

楔子的种类有大小之分。

精切的时候可以用小楔子，大楔子的楔身像子弹一样，可以用来切割体积较大的石块。

切割石块的时候要沿着石眼打入好几支楔子，然后用大铁锤按顺序轻轻将楔子往石头里敲打。关键就是要施力均匀。如果要切割体积巨大的石材，就要沿着石眼打入一排楔子，再用大号铁锤按顺序将楔子打进石头里，让石头裂开。

最近有一种两边带夹翼的楔子经常被用来处理体积较大的石材。

“用这种楔子可以切割一米半的石材，而小楔子只能用来切割 40 厘米见方以下的石头。”采石场里的采石工一边向我演示楔子的用法，一边补充道。

在这个行业里，既需要先进的电动电钻和新型的楔子，也需要石匠们继承下来的观察石眼的能力，两者可以和谐共存。

在这里完成加工后，琢石就会被运送到垒石的工地现场。

垒石墙的活儿和采石工的活儿靠的完全是不同的手艺。这些人也被称作“石匠”或是“垒石工”。

出生于1943年的桥井敏行先生是继承手艺的第四代石匠了，也是“穴太”这一石匠团体的继承人。

垒石工的工作就是要根据图示将石头垒起来。

石墙的设计图纸上虽然对石墙的高度、曲度、石墙后面承受压力的结构等都有详细说明，但对于每块石头应该放在哪个位置，应该怎么垒放，是没有任何信息的。这个决定权完全掌握在现场负责的那位石匠手中。

石材不可能像工厂里统一生产出来的砖瓦那样形状均一，每一块石材都有不一样的形状、大小、颜色、材质，这也是设计图纸无法规划的原因之一。图纸上即使做出了规划，也不能保证可以从大自然中找到一模一样的石材。

桥井先生说，要先从运送到现场的石材中选出适合置于中心位置的石块，然后靠自己的想象来判断哪些石头适合放在这块石头旁边，之后再想象以这块石头为基座，其他的石头应该如何放置，就像完成一张拼图一样。

垒石墙

用毛石垒砌石墙，看似粗糙简单，但实际上，要让形状不一的石头紧密贴合在一起，组成牢固又具有美感的石墙是很考验石匠对石材的判断力和手艺的。

经验丰富的石匠只要看到一块石头，就能判断出这块石头的哪一面适合作为石墙的外立面，哪一面应该向上，哪一面应该朝下，以及石头的纵深长度是否适合砌这堵墙。

石墙朝外的一侧就好像这堵墙的“脸面”，石头的哪一面被用作墙的外立面也就决定了这面墙展现在世人面前的样子。

无论是用未经过切割、一个个大小形状迥异的毛石垒起的石墙，还是经过切割但形状也并不规整的石头砌成的石墙，墙上一排排石头都会因为大小的差异或者切割方法的关系，呈现出凹凸的样子。像这样借助每一层石头排列的凹凸错落,再依次向上垒砌另一层石头的方法叫作“错层”砌法。

相对而言，如果是用形状统一的石块一层层整齐地向上堆叠，这种方法就是“平层”砌法。

石墙并不是什么装饰性建筑，而是要承载上层建筑或城堡的重要承重构造。

我们平时只见过造好的石墙外部，其实石墙的内里还要填入大量泥土，同时还要填塞各种大小不一的石块，然后才能在这基础上，向上建造起城堡或其他建筑物。

石墙上方建筑物的重力会对下面的基座产生向外挤压的作用力，处于基座最外围的石墙便起到了对抗这种压力的作用。

下雨的时候，雨水会渗进墙体的泥土中，所以一定要确保雨水有渠道可以流到石墙之外。如果雨水积聚在墙体内部，很可能有一天会摧毁石墙。

要建造这样一堵既能承受压力，排水性能好，又能防止墙体内泥土流失的石墙需要垒石工们使出各样技能和本领。

桥井先生说“石墙是从背后垒起来的”。

石匠们把填塞在石墙背后的小石头称作“内部填充石”，而显露在表面的那些石头之间要靠“夹角垫石”来固定角度，确保石头之间的稳固。虽然从石墙表面看不到，但在墙体内部，大块的石头间也都填满了“墙体填充石”。

建造石墙的时候每固定一块表面的石头，就要在墙体内部把小石头填充进去，确保稳固，然后再垒下一块石头。可别小看“夹角垫石”，单这一颗石头就能决定墙面大石头安放的位置和角度，还会影响石墙的整体受力强度。所以石墙背后的每一步操作都要耗费精力，并且很依靠石匠们的直觉。

有一百个石匠就能垒出一百堵不一样的石墙。虽然尺寸和墙面的倾斜度等会按照设计图纸上的规定完成，但如何对石材进行排列组合就因人而异了。

“每个人对审美的判断都不一样，但每个工匠都会认为自己垒出来的石墙才是最棒的。如果没有这样的自信，就会畏手畏脚干不成活儿了。”

桥井先生也带我参观了他垒的石墙。

除了拿毛石直接垒出石墙之外，有时在现场的石匠也会先选好打底的石头，再考虑下一块石头要如何融入整个基座，为此石匠们有时也要对石块进行加工，去掉多余的部分，做成能和旁边的石头完美拼接的形状。

为此，石匠可能要对石料切割、去角、削薄。工匠们的收入与其技能直接挂钩，所以想成为一个能赚钱的石匠就得精通所有这些手艺。从前垒石工的收入都是按照垒一块石头收多少钱来计算的。

石头当然是很重的，1 立方米的花岗岩大约重 2.6 吨，所以要装载 1 块 1 立方米的正方体石块，就连可以载重两吨的卡车都会超载。如今用重型起重机就能轻松地搬动石材，但有经验的石匠看到这样的情景就会说：

“如果什么都用起重机操作容易弄伤石材。不是经常亲手跟石头打交道的话是不可能熟悉它们的重量和重心所在位置的，这样容易把处理石头想得过于简单。重心一不稳，整块石头就会不稳。光一块石头放不稳就很危险了，要把这么多石头垒起来就更不容易了。”

“大家在印象中总觉得石头是很重的，但如果面前真的摆块石头却也估摸不出它究竟多重。其实移动一块重石是有诀窍的，我们用起货钩或撬棍就能轻松地移动，并不一定要铆足了劲，只要用巧劲，做必要的移动就行了，说到底也不是那么困难的事。”

桥井先生说这就跟物理原理一样，以小石头作为支点的话，用撬棍就能轻松撬动两百公斤重的大石头。他还说，要移动两吨重的石头用的也是一样的方法。

要把大小形状各异的重石组合堆叠起来，是一样既要费力气，又要靠直觉判断力，还要经过多年锻炼才能习得的手艺。

下面我们统一采用“间知石”的“堆谷式砌法”介绍一下垒砌石墙的步骤。

首先，为了确保地基稳固，要将土地向下深挖，并列嵌入作为根基的“根石”。根石是底部平整、上方呈三角形的锥形石材。根石三角形斜面的角度要配合间知石的长边进行加工。铺好一排根石之后，将间知石以一定的倾斜度垒砌在根石之上。如果第一列是向右倾斜的，那么第二列就要向左倾斜，这就是间知石的堆谷式砌法。

城堡的石墙都有漂亮的倒角（斜坡）。这个倒角不但可以分担建筑物对墙体的压力，还有抵御外敌入侵的作用。城堡石墙的倒角通常有两种：带有弧线的墙角称为“宫殿坡”，还有一种几乎呈直线的墙角被称为“寺庙坡”。

曾经为各类城堡垒砌过石墙的桥井先生习惯用绳索制作石墙倒角的曲线。

“用绳索绑住石头，然后一点点松开绳索，直到石块停留在合适的弧线上。这样做出来的曲线具有自然之美，而且牢固耐用。”

住宅周围的石墙，或是堤坝上的护岸工程，大多都是用间知石垒筑的，也会垒出倒角或斜坡。

石块垒得好能增加墙体的受力强度，但要是垒得不好也可能形成受力的弱点。有时会发生这些问题：石块拼接中出现了缝隙，或是几块石头层层相叠，又或是几块石头相抵使得被围在中间的石头没有受力而脱落。

在此列举一些石匠们在垒砌石墙时必须要注意的禁忌。包括田字石、一线天、四环抱、环抱石、重箱（多层食盒）、串芋头、闪电接缝……

“田字石”指四块石头呈田字形相互堆叠。

“一线天”指的是多处石头的接缝连成了一条直线的情况。

“串芋头”是指几个相同大小石块像叠罗汉一样堆叠在一起。

“重箱”和串芋头的叠法类似，就是两块同等大小的石头像两层食盒一样上下重合在一起。

这种石头与石头之间单纯的重力相加容易导致下层的石块受压飞出或崩塌。除此之外还有其他堆叠禁忌。

“一字石”是指一条长形的石块横在石墙中间，如果上面堆叠的石头使之受力不均，那这块石头就有可能发生断裂。“顶石”是指两根细长的石头重合在一起。“举石”是指底下的一块石头承受着上面两块石头并排的重量。“合掌石”是指两块石头像合掌式的屋顶一样只有顶端相互依靠，而两块石头中间撑起的空间里还藏着另一块不怎么受力的石头。“四环抱”和“八环抱”也是类似的情况，就是周围的石头相互抵靠，使得处在中间的石头不受力而容易脱落，造成隐患。

垒石墙时还要注意不要让石墙的“脸面”上出现问题，例如错位、逆石、突出、镜石，或是接触面不吻合而形成开口等。

所谓“错位”指的是一块石头与别的石头不在一个平面上，使得墙面上有一处凹位。相反如果有一块石头特别突出也是不行的。“逆石”指的是处在上方的石头纵深比下方的石头长，导致上方的石头有一部分悬空翘起。“镜石”是指一块较短的石头被夹在两块较长的石头中间。

为了避免上述的这些情况，石匠们一定要做好预判和一系列准备工作：包括预先对石材进行判断，考虑其中的排列组合，将石材按照要垒砌的顺序排好等。如果在部下或自己的指示下，工匠们垒出了有问题的石墙，桥井先生会毫不含糊地命令工匠们“拆了重新垒”。因为他相信一堵石墙伫立在那儿的时间可以比人的一辈子还长，所以绝不能因为一时的面子误了百年的工程。

垒砌石墙最关键的就是转角处的石块。这里的石块所受的力最多，也最容易出纰漏。而且此处的倒角和石块的排列组合最能看出一名石匠的手艺。

“在石墙的四个角所使用的石头要比墙上的其他石头大二到五倍，长度也要比其他的石头长。垒墙角的时候多数采用交叉堆叠的方法。向上堆叠的时候，石头的长边交替出现在相邻的两堵墙上。”

这种交叉堆叠的方法不仅被用在建筑城郭这样的大工程上，平常家里的石墙也可以用这种砌法。为了保证墙角的牢固，就算整堵石墙都用天然毛石垒砌，用在墙角的石块也会稍做加工再使用，确保拼接时能做到严丝合缝。

石匠的工具

石匠们用的工具都是很简单的。

每个地方对工具叫法都会有些许不同，在此我们以桥井先生的叫法为准，向大家介绍一下他所使用的工具。

凿子可以用来开凿孔洞，也可以用来铲削表面凹凸不平的地方。木匠们用的凿子前端都是像刀刃一样平而锋利的，石匠们用的凿子前端比较厚，有点像钉子。之前介绍过的那种两边带夹翼的楔子，是采用新材料硬质合金制成的，所以比一般的石凿子要“好用一百倍”。

如今，石匠们每日上工之前不再去给工具淬火了。硬质合金做成的工具可以用电动磨床来打磨。每人每天用三根的话只要用磨床磨两次，比起淬火可要高效得多。

用凿子铲削石头表面的时候，工匠们会用左手轻轻握着凿子，凿子就像“在石头上跳舞一样”。右手拿的就是铁锤。石匠们一般用的都是“平头锤”。凿子和铁锤是石匠们经常用到的一组工具。

切割石头的时候要用到“玄能锤”[1]。最近连玄能锤都有硬质合金做的了，也不需要进行淬火了。以前为了将锤子边边角角的钢做好淬火，工匠们必须特别仔细小心，但现在有了硬质合金的特殊钢材，只要用磨床就能进行打磨了。一般人可能认为玄能锤比较笨重，无法胜任精细的工作，但在桥井先生手里，只需轻轻一挥，就能用玄能锤削薄石头

---

1 又叫玄翁锤，一种两边都是平头的大铁锤。

表面，或是取下薄薄的石片。所以对于石匠们而言，玄能锤不仅能被用来挥锤施力，也是铲削的工具。

石匠们口中都有“玄翁开石”这一说法，可见玄能锤对石匠们来说有多重要。

细致的切割要用到一种名为“子安家”的扁刃小斧。石匠们会将刃部抵住石头，再用铁锤敲击扁刃小斧，这样就能削去石头表面多余的棱角。这种扁刃小斧的刃部要像用小刀削铅笔那样打磨锋利。

平整石头的表面要用到“凿毛锤”。这种锤子有点像敲打肉排用的松肉锤，锤面布满了锥形的凸钉。凸钉的数量有 16 颗的、36 颗的，甚至还有 100 颗的。这种凿毛锤除了起到平整表面的作用外，如果用它敲击平整锯开的石头表面，也能敲打出粗粝感的效果。

除了上述提到的这些工具外，石匠们还会用到各种不同类型的锤子，不过这些工具的用处都大同小异，不是为了凿开石头，就是为了根据墨线的标示准确地削去石头的一部分。

对于一年到头都要拿着锤子处理磐石的石匠们来说，对于锤子的手柄他们有自己的讲究。无论是玄能锤还是扁刃小斧的手柄，桥井先生都尽量挑选毛叶石楠，实在没有的话就用柊树的木头。以前都是自己进山找木头，然后加工成自己喜欢的造型和长度。在以开采和处理凝灰岩为主的宫崎县，石匠们会选用胡颓子、日本女贞或梅花树的木材来制作锤子的木柄。

尽管各地各人的选择不同，但这些都是一代代石匠口口相传的经验之谈。无论哪种木头质地都不能太硬，要能充分吸收冲击力，还得经久耐用。

混凝土石墙

栢植先生和桥井先生一起参与过挂川城和清洲城的石墙修复工程。但那些修复的石墙不再像从前那样——采用天然石山上开采的石料，石墙内面用直径 15 厘米左右的“栗石”或碎石子填充，完全只用石头砌成一堵石墙。

“无论如何都要在墙体内注入混凝土，只用石头垒砌的方案永远都不会被批准。”

“为什么一定要注入混凝土呢？因为要施工，就一定要申报石墙所要承受的压力、墙体的材料，以及墙体可以承受的不开裂的强度。但天然的石头每一块的大小和受力强度都不一样，没法用实验来提供数据证明。我们也跟政府部门的人提过，像江户城和姬路城的石墙都是全靠石头一块块垒起来的，不都一直保存得很好吗？但得到的回答却是，如果你拿不出计算数据来证明为什么那些全石材结构牢固可靠，那就没法得到批准。”石匠们如是说道。

石匠们靠的是长年积累的经验和专业直觉来判断石材特性，对石材进行排列组合，要把这种技术看作精密的计算可能也不为过。

虽然没法计算出每一块石头的承重，但垒砌好的石墙却经得起标准的检验。

“混凝土的强度是每平方厘米承重 150 公斤。也就是说每平方厘米上受力超过 150 公斤混凝土就会开裂。而花岗岩的强度是每平方厘米 1.6 吨，几乎是混凝土强度的 10 倍。虽然花岗岩在自然条件下会风化，但表面风化 1 毫米需耗时 150 年，所以一般的石墙是不会因为风化而发生崩塌的。尽管如此，如今的工程还是一定要在墙体内注入混凝土加固，石头却成了表面的装饰。这就是现实情况，虽然我们还有技术，但一定高度以上的石墙却无法再用以前只用石头的办法来垒砌了。”

在这样的现实面前，还能培养出手艺精湛的石匠吗？以后的石匠还能不能用凿子和锤子处理好石头表面，能不能辨别出石材的特性，将它们进行排列组合，垒成严丝合缝的石墙基座呢？

如果少了工作的机会，技术也无法得到磨炼和继承吧。

石匠的工作看似只是用石头垒砌石墙，但这技术包含了对石头这种材质的理解，还包括用自己的身体去体会石头的重量和脆弱。现代所谓的建筑和土木“标准”却阻碍了这种职业和文化的传承和发展，真是讽刺。而这也是工匠的手艺之所以会消失的重要原因之一。

第二章 有关轮回的思考

——取之不尽的原材料

采集原材料的季节

手艺工匠们的工作与四季交替有着密切的关联。虽然前文在介绍各类工艺流程时已略有提及，但在此我依然想要着重探讨一下工匠和原材料的问题。

在交通手段不如现在这么发达的时代，手工制作所用的原材料多取自于当地。手工艺匠人们会选用身边触手可得的材料，来制作生活中的必需品。这样可以使成本降到最低，而且原材料容易入手，需要修理的时候也方便。

虽说原材料就在身边，但也不是随时都可以进行采集的。作为手工艺原材料的木材、竹子、树皮、藤蔓等，都有各自适宜采集的时期。如果错过了这个时间段，采集来的原材料就不能用了。一年之中可能只有很短的一个时间段适合去收集原材料。

为了趁着这个时段采集原材料，工匠们不得不放下手中的活计，走进山里去。植物生长的周期决定了工匠安排一年中工作和采集原材料的时间表。如果无视季节变化，手艺工匠们的工作是无法开展的。

在通草藤蔓编织的产地采集藤蔓的时间一般都在夏季土用（立秋前 18 天）时节之后。但其实，土用那天只是这个时段的开端，实际上的采摘日期要更晚一些，一般会在进入 9 月，在通草的藤蔓停止生长之后才开始采摘。秋田县横手市的通草藤蔓编织艺人——中川原信一先生（1949 年生），还有当地的一众手艺人都会在 9 月中旬的“秋日祭”前后才开始采集藤蔓。

土用时节前后的气候还很炎热，藤蔓还在生长。如果在藤蔓生长期间采集效率会比较高，但处在生长期的藤蔓所含的水分比较高，无法作为编织的原材料。此时的藤蔓不是不能用来编织篮子，而是在编好之后容易变色、发霉，出现皱纹，这样的成品是无法作为商品出售的。所以采集通草藤蔓要在水分充分吸收之后进行。

相反，也有些原材料需要在水分充足的时期进行采集。

用葡萄藤来编织的器物就是其中之一。不要以为通草的藤蔓和紫葛（野葡萄）的藤蔓看似差不多，但两者的使用方法截然不同。通草的藤蔓采集来就可以直接使用，而紫葛要取其藤蔓的皮来使用。

给紫葛剥皮的工作一般会选在刚进入梅雨季节的时候进行，这时的藤蔓吸足了水分，错过这个时期就很难将皮从藤蔓上剥离开来了。采集材料的人们会观测气候的变化，找准时机进山。届时还要先用柴刀在树皮上砍一刀，看看时机是否已经成熟。采集的时间过早或过晚都不行。以植物表皮作为原材料的工作大多会在植物水分充足的时期进行采集。

用来制作葛布的葛藤，要在仲夏时节采集。

编织柳条箱用的尖叶紫柳的采集时间还要再晚一些。要到秋天，树叶纷纷落下之后进行收割，放置一个冬天之后，待到春天再将这些柳条插到田里。生命力顽强的柳条会长出根来，吸收水分，冒出新芽。在此期间，水分会进入茎和树皮之间，这时剥皮就会比较容易，错过这个时机柳条就会变干变轻。

竹编工艺中用到的桂竹要在入秋以后进行采伐，竹子会在冬天到来之前停止生长。通过根部吸收上来的水分会逐渐减少，竹竿中水分的分布也渐渐达到稳定状态。但要是用这一时期之前采集的竹子做成竹编制品，就会存在容易长虫、容易损坏等缺陷。

唯独岩手县的赤竹手编工艺，所用到的丛生矮竹无论什么时候采集都可以。农闲的时候就把采来的赤竹进行干燥处理，再保存起来，这在使用天然材料的日本手工业范围内可说是一个极为罕见的特例。这或许是因为赤竹手编用到的是薄而坚韧的植物外皮。但是，赤竹手编中用来制作边缘的、最讲究牢固度的材料，也还是必须在土用之后进行采集才行。

对于制作手编的人来说，竹子中蕴含些许水分，编起来当然会更顺手，但考虑到成品的牢固度及耐用性能，还是要选用水分完全吸收之后的竹子。如果用吸饱水分的竹子来手编，那等成品干燥之后竹篾之间就会出现缝隙。

所以作为手编艺人，就算牺牲自己在制作过程中的便利，也要优先考虑成品的耐用和好用。

制作槭树条手编的色木槭也要在秋季和冬季进行采集，要在枯叶刚刚落完的时候进山，砍伐。这个时期的木头比较容易砍伐，弯折起来也轻松，木头的颜色也漂亮。

做茅草屋顶和竹帘所用到的芦苇或茅草也有特定的收割季节。茎杆上要是还留着叶子的话就说明为时尚早，要等寒风在河滩上吹过，雪花纷飞，叶子完全掉光的时候才好收割。

茅草屋顶之所以淋了雨也不会渗水，就是因为茎杆内已经是中空的状态了，足够干燥也不会腐烂。所以一定要在冬天的这个时期采集原材料，才能铺建出耐用 20 年的茅草屋顶。

日本的植物都是随着一年中四季的更迭而生长的。到了冬天，植物的叶子就纷纷落下，进入休眠状态。这是植物为了抵御冬季的寒冷，选择了尽量避免产生代谢。

到了春天，从冬眠中醒来的植物们开始发芽，为了舒展枝叶而从地里吸取水分。工匠们必须靠目测判断出植物的状态，才能采集到最好的原材料。他们需要判断植物是正处在吸水的状态、枯水的状态，还是正处在生长阶段的顶峰即将开始流失水分的时候。

不光是原材料的采集，在这之后的工艺流程一样也受到季节的影响。

葛藤在采集来之后就要开始做葛麻了。这道工序我们在之前的章节中介绍过。

冲绳的芭蕉布在制作纱线的时候也有相似的步骤。芭蕉布的纱线是从芭蕉叶中抽取纤维而制成的。

用来生产椴木织的华东椴的树皮要在梅雨季节结束的两周内进行采集，如果不能在那段时间里完成，树皮就剥不下来了。而且剥下来的树皮还要进行干燥，所以剥完皮后短时间内梅雨季节不结束的话也很麻烦。

手工艺原本就是农民们的副业，手工活儿都是配合农闲进行的。我们就以制作椴木织为例，来看看手工劳作和季节之间的关系。

山形县西田川郡温海町关川地区的人们会等到冰雪融化后进山挖野菜。山里的野菜是当季的食材，也可以拿来换钱。从蜂斗菜的嫩芽、荚果蕨的嫩芽开始，各种山里的野菜会随着季节的脚步一点点从地里冒出来。农家们就会按顺序逐样采摘，有些野菜采来就能直接吃，有些则要保存起来以后再吃。等收完了蕨菜，就该往田里灌水准备耕种了。等忙完了种地的活儿,又可以进山收割紫萁和竹笋了，这也是春天山里能收割的最后一批野菜。

田里育苗插秧的活儿干得差不多了，山里的野菜也收完了，到了梅雨季节快结束的时候，男人们就要到山里去，砍下之前挑选好的华东椴，把树皮剥下来。等出梅之后，将树皮晒干，有空的时候还要照顾一下稻田里的活儿。

盛夏最炎热的时候，农家们就在家礼佛、休息。夏日炎热的气候下不适宜进行农耕，从前的人正是因为懂得自然的规律，才会依据季节变换的节奏来安排自己的生活。从盂兰盆节开始，各地都会进入举行夏日庆典的时期。

到了 9 月之后，为了提取做椴木织用的纤维，要先煮树皮。这道工序完成的时候也差不多该去地里收割稻子了。等稻子收割完后，这一年水田里的农活也就算是告一段落了。

水田和地里的农活都结束之后，就到冬天了。妇女们会聚在一起开始纺线，当纺好的线绕成一个个大线团的时候，屋外已是积雪渐深。漫长的冬日里，无法外出的妇女们便端坐在织布机前制作椴木织。这样一直工作到春天到来的时候，就能织出一反椴木织。织布工作结束的时候刚好积雪也开始融化，又到了能进山采野菜的季节了。

生活中所有工作就是这样根据自然的日程表来规划进行。

对手工艺匠人来说，要制作出优质的成品、好卖的商品，就要肯花功夫去准备上乘的原材料。因为没有好的材料是做不出好作品的。

而往往采集最佳材料的时机，一年中就只有一次，如果制作到一半想要补充原材料是不现实的。要是材料用完了，手里的活儿就只能停下了，收入也就没了。所以说准备材料一定要有计划性才行。要在最佳时机进行充分采集。对于得来不易的原材料，工匠们也会格外珍惜。

从事通草藤蔓编织的中原川先生，连几厘米长的碎屑也会留着；家住秋田县角馆町的槭树条手编匠人富冈铁雄先生（1924 年生）则会用较为短小的槭树条材料拼凑出小件的作品。

就算是天然的材料，根据不同情况，也不一定都会在采来的当年就立即使用，有时候会先放上个几年。遇到这种情况,保存就很关键了。如果某一年受到气候条件的眷顾，就要尽可能多采集些原材料储存起来，因为有丰收的年份就会有不太容易采集到原材料的年份。用到天然原材料的工匠们对气候和季节都是很敏感的。话说回来，如果缺少这份敏感也就干不了这个活儿了。

虽说采集原材料有其相应的季节和时期，但并不一定在砍伐和采集完原材料之后就要马上进入制作阶段。

赤竹采集来之后要先进行干燥，等到要用的时候再把赤竹条在水里浸一浸就又会变得柔软，方便进行手编。通草的藤蔓、葡萄的藤蔓都可以这样操作。用来做槭树条手编的色木槭也要在新鲜的时候砍下树皮，加工成槭树条，用的时候再泡水恢复柔软度方便进行手编。

还有一些手工艺中所用的原材料在使用之前必须静置更长的时间。

比如木匠、榫卯木工、船匠所使用的木头，砍伐来之后且得放一段日子呢。冈山县的船匠山元先生所用的木材中，有已经摆放十几年的，也有从旧木船上拆下来的，为了存放这些木头，他还专门准备了一间小屋。久置之后，木材的秉性才会显露出来，木材的性质稳定了，做出来的东西才没那么容易出问题。

接下来，让我们略微探讨一下手工业是如何成为农民的副业的。

直到不久之前，日本人的生活还是围绕着种植水稻展开的。种水稻要从春天开始，到秋天结束。到了冬天，大雪封锁下的日本东北地区，农户们就没什么农活可干了。人们会利用冬天的时光制作夏天要用的绳具、渔具、草鞋、地毯等，所用的材料有水稻的茎杆、秸秆等。先将秸秆敲打一番，使之变得柔软便于使用，接着再捻成绳子，编成草鞋，制成蓑衣。这些手工制品多是自家用的，但也有拿来卖了贴补家用的。秸秆除了作为手编的原材料外，还有别的用处：它可以是家畜的饲料，也可以用来铺牲口棚。

榻榻米地板也是用水稻秸秆制作的。秸秆要是没有了，日本人的生活就会失去立足的根基。幸好只要还在种植大米，秸秆就有源源不断的供给。放旧了的秸秆或是用久了的秸秆制品还可以用作堆肥，重新回归大地。秸秆就是这样容易处理的、又廉价又容易得到的原材料。

正是因为有这样的原材料，农户们才能够在农闲时做副业。无论副业的具体内容是什么，通常都和原材料有着紧密的关联。

农户们在冬天里还会制作室内用的笤帚，不过现在专业制作笤帚的手艺人已是少之又少了。在山形县长井市金井神地区，从前到了冬天，整个村落都会专门从事室内笤帚的制作。

在田里种上高粱，把高粱穗收割下来编起来，再安装上手柄，笤帚就做成了。做好的笤帚卖了可以换钱，用来补贴生活上的开支。像这样掌握一门手艺就不用外出打工了。

从农闲时的副业发展起来的职业还有很多。烧炭师就是其中一个典型的例子。

农田变少了，那些没有农田的人们便去找山主们借个山头来烧炭，或是从山里采购木头来烧炭。

槭树条手编、编簸箕、赤竹手编、修葺茅草屋顶、垒石墙、柳条手编，这些手工艺原本都是农村里农闲时发展起来的副业。所有这些手艺都植根于对当地原材料的活用，而这些天然材料的生长都要仰仗当地的气候和水土。手工艺人将这些手艺职业化，以工匠的身份自立门户，但即使完全脱离了农业生产，他们的劳作与季节的关系、他们所使用的工具等依然残留着农业的气息。

取之不尽的原材料

仰仗大自然获取原材料的人们会讲求对山野的合理管理。

尽管烧炭师、槭树条手编艺人、椴木织艺人都需要砍伐木材，但山里的木材却没有消耗殆尽。因为山里的木头一边在被砍伐，一边也在继续生长。虽然不能一夜长成大树，但就拿烧炭所用的木材来说，15—20 年就能长到合用的尺寸了。

熟知这一生长规律的烧炭师们会流转在各个山头之间对树木进行砍伐。也正是基于这个原因，从前的山主们不允许烧炭师使用电锯砍伐树木。电锯或伐木锯留下的切口不利于新芽生长。

作为椴木织原材料的华东椴，其采伐与重生也有相似的循环。一株华东椴要长到一抱多粗需要五六十年的时间，但如果只是为了做椴木织而提取纤维，生长 15—20 年、直径在 15—20 厘米的华东椴就可以了。将合适的木材砍倒之后从根部能长出十几支嫩芽，如果放任这些嫩芽自己生长，生长会非常缓慢，所以要根据光照和嫩芽本身的条件进行疏芽，只留下健康的嫩芽。疏芽并不是一次性的工作，每年都要进山观察长势，进行调整。只有这样持续地悉心照顾，这株木材才能在20年后再次成为可用之材。要在经历刮风下雪等自然灾害时保护好木材，注意日照的条件，勤于照料不松懈，才能确保自然资源不会流失。

烧炭师以15年左右为周期流转在各个山头之间也是出于同样的考虑。山野正是有了这些工匠们的守护和照顾，才能为人们提供取之不尽的资源。

木材的用途决定了何时该进行砍伐，并不可以随时进山采伐。

对于不同的手工业来说，什么样粗细的木材才算适用都有不同的讲究。

以烧制备长炭所用的乌冈栎来说，直径三寸（约9厘米）甚至细到乃至一寸左右的木材最好用。乌冈栎在烧成炭之后大小大概是原来的八分之一左右，所以烧出来后较细的炭只有铅笔那么粗，但这样的炭更有用武之地。直径在三寸到六寸左右粗的木材要被劈成两半才能拿去炼炭，直径超过六寸的就要劈成四瓣。如果木材很细的话就可以拿来直接烧，整根烧成的炭价格更高。

不过工匠们在进山伐木的时候，遇到树干较细的树木都会手下留情，保护好了这些小树，可能不用等15年又可以进行二次砍伐了。

用作槭树条手编的色木槭直径在二寸五分（约7.5厘米）

到三寸左右为最佳。由于并没有哪个山头是单一的色木槭林，所以要一边在杂树林中寻找好的木材一边进行采伐。如果能照顾好自己砍伐过的树木，等待它再长到适合砍伐的时候，那即使周围的山不多，也能在有限的树木中形成周转循环。砍完一棵之后就接着照顾长出来的嫩芽，等着它15年之后再长到合适的粗细。

但无论如何都需要工匠们对树木施以照顾，才能最终收获可用的原材料。人类不能光榨取山中的树木，必须要付出相应的精力，为树木除草，悉心加以栽培，才能获取木材。

对农户们来说，杂木生长的山林如果消失了，农业生产也无法继续下去。烧柴要用到木头，种豆时为方便爬藤也需要用木棍做支撑；树上的落叶收集起来可以跟家畜的粪便混合在一起发酵，用作堆肥。自己没有山头的农户还得去跟家里有山的山主买来使用权，才能得到这些木材和落叶。所以小辈们分家的时候除了能得到水田和耕地这些财产之外，还会分到供养这些田地所需的山头。

而这些山必须要得到人们悉心的维护才能为人们所用。

平时我们在农村见到的山野都是未经人手的自然风貌——这是都市人常有的一个严重的误解。放着一座山头不管，任它自由生长，而地里用的肥料都是从外面买来的，种豆爬藤也靠买来的架子，这种“误入歧途”的行径是最近才出现的怪现象。

可以用来做竹帘、修屋顶的茅草或芦苇就长在荒山里或河滩上．但即便如此也不能就这样直接收割来用，它们同样需要经过工匠们的悉心照料。

如果来年有计划要铺设屋顶或制作竹帘，那么在前一年秋冬时节，就要把茅草地或芦苇地先烧一烧，砍一砍。如果事先不做这些准备工作，长出来的茅草或芦苇是没法用的。

所谓大自然的馈赠也不是天上掉馅饼。想要利用资源，就要抱着珍惜的态度，与自然保持良好的关系。从前就有被称作“结”的村民共同打理茅草地，一起收割茅草，再挨家挨户地对屋顶进行翻修。

现在的北上川河口也有蜿蜒数十公里的芦苇地，这些芦苇地里为了能产出修葺茅草屋顶用的材料也要进行烧地和砍除的准备工作。各地作为文化遗产的茅草屋顶很多都是用这里的芦苇来修葺的。

葛藤和通草的藤蔓也有相似的状况。如果采伐完之后任由它自然生长，那来年藤蔓就会缠绕在一起，那样就不能作为手编的原材料了。

还有藤蔓的母树也一定要保护好，因为这是藤蔓的根源所在。只要母树还活着，通草可以不断生长几十年。即使当杉树林遮挡了地表的日照，通草的身影会暂时消失，但等到60年后，当那些杉树被砍伐后，母树就能重新抽出新芽。

用来做牙签的木头一般都是白桦树，比较高级的牙签也会选用大叶钓樟。大叶钓樟多是生长在山里的杂木，日本各地都能见到，但在雪多的地区树干容易被压弯，就不适合拿来做牙签了。故而一般都会选用和歌山、奈良、九州等地区出产的大叶钓樟。要在树木抽出第一根枝桠之前砍下树干，劈成四瓣，再送去制作牙签。

砍伐过的大叶钓樟几年之后也会再长出新芽，继续生长就能进行二次采伐。但据说也遇到过意外——明明之前砍伐过大叶钓樟的山上，突然有一年就再也无法找到可用的木材了。

原因就是“母树”被杀死了。

木材的采伐和销售都有专门的从业者，制造牙签的人每年都会向当地人委托采伐大叶钓樟。但那一年，不知是谁把母树给砍了。

往长远看的人，会考虑到以后的事，想到数年之后还要来采伐，就会把母树留着。但如果只想到眼前，想在当前这次采伐中尽量多砍一些树、多赚一点钱，恐怕就不会顾及以后，不会想到要保护母树，留待几年之后再用了。

从前依靠自然获取原材料的从业者不会有这种目光短浅的想法，这是无异于自杀的行为。如果能让山林遵从自然的轮回，那山林中的原材料就能周而复始，取之不竭。

通草藤蔓编制艺人中川原先生跟我说过："每年年末，最后一次进山采摘的那一天，我们会对大山说：'这一年承蒙您的照顾了，衷心感谢您的馈赠。来年还要仰仗您，愿山林安泰常青。'说完还会对着山毕恭毕敬地鞠上一躬。"

向大山谋求原材料的人们都有祭拜山神的习惯，在祭拜山神的那天大家都不会进山采伐，只是专心感谢山神的眷顾。他们中有许多人每次进山之前都会在进山处供奉着山神的小神社里低下头来默默祈求此行平安；回来的时候，也会来感谢山神让自己满载而归、平安返回。

这些人深知自己的生计能得以维系都是仰仗着山的存在。

然而，如今的人们渐渐忘却了山林和自然给予了我们多少馈赠。因为原本每天手边要用到的工具——那些工匠们用天然材料手工制作的生活用具都已经消失殆尽了。随着手艺工匠的消失，我们与自然之间的纽带便渐渐被遗忘了。

之前介绍过了众多手艺和工作都离不开清澈的河川。为做葛布而提取葛藤的纤维也好，从椴木的树皮里提取纤维也好，要做出充满光泽的纺线就要靠清澈的河水不断地进行清洗。

但日本的河川环境已经遭到了严重的污染。人们的住所紧靠着河边，工厂的建设又在所难免，于是河川最终受到了污染。

除此之外，城市和人类的居住区域还在扩大，开山破土，伐林移木，山林无可避免地变成了工厂或居住用地。虽然如今又兴起了手工艺的复兴，但就算工匠的手艺和那些充满智慧的手艺工具可以得到复原，没有了支撑手工业的自然环境和天然原材料，手工艺匠人的工作是无法复兴的。

正是将手工艺抛在脑后的现代人，才会杀死母树，甚至去摧毁自然环境本身。

相互关联的职业

通草手编艺人、烧炭师和奶农；

编簸箕的手艺人和烧炭师；

石匠和烧炭师；

林业工人和通草手编艺人；

林业工人和制作葛布的手艺人。

这些乍看之下没什么关系的人，其实相互之间都有着千丝万缕的联系。接下来就聊聊这些相互关联的职业。

通草手编艺人在采集藤蔓时最大的敌人就是葛藤，葛藤蜿蜒的藤蔓会妨碍通草生长。葛藤和通草喜好的生长环境是一样的，葛藤的生长速度比通草要快，如果放任不管会覆盖满山满野。不过在从前，绝不会出现这种葛藤在山野中疯长的情况。

在奶农尚未依靠进口饲料的年代，葛藤就是奶牛的主要饲料，奶农们都会自己去收割葛藤。从前农户家里几乎都会养牛养马，在机械播种和拖拉机还不普及的年代，牛和马对农户来说是重要的劳动力，也是堆肥的重要贡献者。另外，收割来的葛藤还能成为家畜的饲料。

葛藤大多生长在山林的边缘地带。葛藤能覆盖住小片灌木丛，也能攀附上大树，叶子会铺满整个区域，阻断所有阳光，被称作“斗篷植物”，但对林业工人来说却是令人头疼的植物。所以有奶农或养牛的农户来砍伐这些葛藤，对林业工人来说当然再好不过了。但现在的农户或奶农都没有这样的习惯了，不光是林业工人，就连用通草藤蔓进行手编的手艺人也被生长得过于繁茂的葛藤搞得叫苦不迭。

葛粉就是用葛藤的根做成的，葛藤的根是巨大的块根。有人专门以采集葛根为生，他们要在山坡的斜坡上进行采集，是一项既辛苦又困难的工作。听说如今在奈良县的偏远地区仍有一些人在从事这项工作，但自从日本开始进口由玉米提取出的玉米淀粉之后，葛粉就渐渐在人们的生活中消失了，大家也都接受了用玉米淀粉取代葛粉。不过以上就是通草手编艺人和奶农之间由葛藤串联起来的关系。

烧炭师进山采伐木材，搬运木材，再将烧好的炭运出来，渐渐地，在山林中开辟出了道路。虽然这些山间小道十分狭小，但这些道路确实为人们带来了便利。进山采伐通草的人、砍伐色木槭的人、采集葡萄藤蔓的人、砍伐大叶钓樟的人、采摘野菜的人、采蘑菇的人，等等，大家都会用到这条山中小道。

在经济快速发展的一段时期里，烧炭师的身影曾经一度消失，普通人家里也不再使用木炭了。灶台上通了煤气，取暖用上了燃油，木炭失去了用武之地。山中的小道便也随之逐渐消失了。

如今，要进山去工作的人们不得不自己拨开草丛开辟出一条道路来。

再来说说烧炭师和石匠之间的关系。这两者之间，并不只是石匠单方面依靠烧炭师，石匠的工具都是自己动手制作的。锤子的手柄要选用自己喜欢的木材来做，如果要石匠自己去山里走走，寻找合适的毛叶石楠、胡颓子、柊树或日本女贞之类的树木，倒也不是不行，只不过真要找起来也不像说着这么容易。遇到这种情况，找一个一年到头都在山里工作，又对木材了如指掌的烧炭师来帮忙就再好不过了。

而烧炭师们也乐得靠这样轻而易举的差事赚点外快。说到赚外快的话题，又让我想到了另一个故事。从前的铁匠铺里都有风箱，构造就跟简易的水枪差不多，用来挤压空气的部分是用狸猫的皮做成的。有家铁匠铺的风箱坏了需要修补，但不知要到哪儿去找狸猫皮。从前这种捕捉狸猫的活儿都是找猎人或烧炭师来帮忙的，如今却找不到能干这活儿的人了。

编簸箕的手艺人和烧炭师之间也并不是简单的以物换物的关系。

鹿儿岛的簸箕手编艺人用的原材料是日本山樱。时吉先生面对的最严重的原材料不足问题，就是找不到山樱的幼株了。山樱是靠果实播种的，树上开花结果之后，爱吃它果实的鸟儿们把种子带到山野中播撒，这也是杂木丛生的山里走到哪儿都能看得到山樱的原因。虽然山樱随处可见，但用作簸箕的原材料却不是任何山樱都合适的。

做簸箕所用的材料得是直径在10—15厘米的幼株。尽管做簸箕需要从这样粗细的小树上剥下树皮，但在剥取树皮的时候并不用杀死这棵树，剥完皮的山樱还会再长出一层树皮，不过新长出的皮就不适合作为手编的原材料了。

树龄较大的、长得太粗的山樱树树皮会变厚，也不适合使用。从前轻易就能在山里找到小棵的山樱，但最近，山里杂木林中完全看不到幼株的身影，这是因为人们利用山野的方式改变了。

首先是因为杉树和桧木的种植林变多了，日本大大小小的山头都快要被杉树林覆盖了。为了种植杉树和桧木，杂木林都被清理了。

其次就是烧炭师的消失。烧炭师会每隔 10—15 年流转于生长着杂木林的山头进行伐木和烧炭，杂木每隔 10—15 年就能长成刚好用来烧炭的粗细。而当烧炭师这一职业消失的时候，就没有人对山上的杂木林进行循环利用了。不再被利用的各种树木便肆意地生长。在遮天蔽日的大树下，山樱的种子得不到充足光照，就不容易生长。于是山上就只剩下长成大树、没法再用作手编原材料的山樱。

编簸箕的工匠和烧炭师，这两个看似毫无关联的职业之间，却有着非比寻常的关系。其实所有使用山里天然资源的职业都与烧炭师有着相似的关联。烧炭师消失了，就会对其他这些职业所需的材料供给造成障碍。

山中的木材虽说是杂木，但也需要有人打理，树林才能有序地更新换代。同时又让使用不同木材的人能各取所需，顺利地采集到原材料。

回过头来看，烧炭师在这其中所起的作用确实很重要。

林业工人在这其中的牵扯关系大家可想而知了吧。葛藤、通草和葡萄的藤蔓都会缠绕到树木上，妨碍树木的生长。但有了采集葛藤、通草藤蔓和葡萄藤蔓的人来采走了这些藤蔓，就刚好帮到了林业工人。

有时同一种原材料也会联结起各个门类的手艺人。

对天然杉木的利用就是其中一个例子。天然杉木是珍贵的木材，树干可以锯成优质的木柱子或板材。砍伐木材是伐木工的活儿，将原木削成角材运出山去。制作板材是锯木工的工作。锯木工需要洞见木材的材质，查看判断是否有空洞、损伤或是木节，然后用墨线定位，锯成板材。厉害的锯木工能锯出二分三厘（约 6.9 毫米）左右厚的、木纹优美的薄板材，用来装饰天花板。

锯板材的时候不需要杉树树皮。如今这树皮已经没什么用武之地了，但在从前，杉树皮可以用来修葺屋顶，或是修缮木墙。

砍伐之后留下的木桩如果品相好可以成为做酒桶的木材，也就是所谓的“樽丸”；或是削成薄木片用来修葺屋顶。可想见一根杉木牵涉到了多少工匠的工作。

但正因为牵涉的面这么广，但凡其中有一个环节出现了纰漏，便会影响到其他人。

如果没有了提供原材料的人，负责加工的人就没法继续工作，然后这个行业也会渐渐消失。没有了做加工的人，供货自然也就没有必要了。做成的制品买或不买，取决于消费者的意愿。如果消费者不买，那商品便失去了价值，制作商品的工匠也会随之消失。如果因为一些原因，某个环节一时被中断了，也会影响到整个相关的生态闭环，然后发展到无法恢复的境地。

如果烧炭师不再砍伐杂木，山中树木的新老更替就全都要遵循自然界的循环规律了。大自然中的元素和构成极为复杂，将长期循环中的变动化作常态。工匠们没法坐等着新一代的木材在纯自然的长期循环中长大成才，于是他们不得不自己走进山里打理这些植物，靠自己培育出手工艺的原材料。

原材料用尽的时候

虽说如果用心打理，维护好环境，天然的原材料就能取之不尽地为人们所使用，但持续地维护好环境是一件说起来简单做起来困难的事。

不过就算在过往的时代中，只要是人类接触到的自然就没有能原原本本保持原状的。我们常常去开发，也常常造成破坏。为了应付人口的增长，维持人类的生活，把这些破坏看作必经之路。

但彼时，有赖于自然巨大的包容性，人类的破坏和开发还未导致生态系统崩坏。在那个年代，人们用的都是从身边的手工工具发展出来的砍伐工具，还不至于完全扼杀自然；同时人们为了确保原材料不会枯竭，在采伐的时候也会有所顾忌。

当时的人们不会只想着自己要采伐的原材料，而是会在采伐的同时也常为后来者，为下一代考虑。然而，进入20世纪之后，环境的改变和恶化越来越显著，因为人们对自然的态度已经改变了。

人们开始对自然使用远远超过人力的重型机械，转眼就能铲平整座山。人们对杉木和桧木的偏爱也大大地改变了山野的面貌，虽然一眼望去依然是郁郁葱葱的青山，但实际上山的本身已经发生了巨大的变化。

通草的藤蔓、葡萄的藤蔓、色木槭、天然杉树、用来做木盆的日本七叶树、用来做木勺或锅铲的山毛榉……人们在采集完这些木材之后，不等木桩再长出新芽，也不等树木开花结果再次播种，就将杂树林变作了杉木林。原本的杂木不是被连根拔除，就是任由其灭亡。

漆树的下场也一样。国产漆树是用来修复文物国宝时不可或缺的重要原材料，但这种原材料的供应量却少之又少。

我曾经到岩手县二户郡净法寺町走访过岩馆正二先生（1921 年生），去过他和其他割漆匠们采漆的山头。

直到最近这些年，这些割漆匠们还会去山里寻找漆树，或是出钱从农户们种的漆树上收集天然生漆。直径达 8 厘米左右的漆树就可以开始割漆了，10 厘米左右的漆树一年可以收获 160 克左右的生漆。

割漆的时候先要用镰刀削去粗糙的外皮，然后用割漆刨在树上割出一字形的沟槽。等沟槽里流出生漆之后再用刮刀进行采集，将漆液收集到容积为三百五十匁（约 1.3 公斤）的容器里。

漆树流出漆液是为了修复树干上所受的割伤。割完一次之后，等漆树的体力恢复了，还可以重复进行割漆。割开过的漆树一天之内可以分三次收集漆液，收集完一次之后要隔四天才能在同一棵漆树采漆。想要装满 1.3 公斤的容器，一天内要在 200 棵漆树之间来回进行采集。

割漆匠每天能从每棵漆树上收集到约 6.6 克漆液。如果将这总量均分到一天内的三次收集中，那么每次从每棵漆树上收集到的漆液也就是 2.2 克，大概也就能填满一个挖耳勺而已。

我去采访岩馆正二先生的时候是1992年，当时日本国产漆的价格是一斗樽（约18升）90万日元左右，进口生漆的价格则是日本漆的六分之一左右。不过考虑到采漆过程的辛苦，这样的价格也可以理解。

树皮最内侧有输送养料和水分的管道，这部分被切断了，树就死了。居住在日本东北、北越和秋田地区的猎人们为了造小木屋会在砍伐前先让树木枯死。他们的做法就是在靠近树根的部分将一整圈树皮剥掉，树皮剥掉之后树木就原地枯萎了。

割漆的方法分为两种。

为了不杀死漆树，可以只划伤树木的表面来采集漆液。当表面的漆液流干之后，就要在树皮内侧的“韧皮部”划出口子，而伤到了韧皮树就死了。像这种不惜伤到韧皮，在树木垂死之前大量采集漆液的方法叫作“杀树割漆”。

另一种割漆的方法不伤及韧皮，而且割痕之间的间隔较大，在不杀死树木的前提下第二年还可以再次对漆液进行采集，这种方法被称为“养活割漆”。这种方法虽然保证树木不死，来年还可以再割漆，但采集到的漆液量比较少。

为了追求效率，最近人们都选用“杀树割漆”的方法。

两种方法各有各的道理。对此，岩馆先生是这样说的：“枯死的木头在割漆之后就会被砍伐，伐去之后马上又会从根里长出新芽。”悉心培育下，十二三年就又可以从新的漆树上采集漆液了。如果这种操作可以循环进行，那么漆液也可以取之不尽。

另外，“养活割漆”还有意想不到的伴生物。

“受伤之后变得虚弱的树木为了繁衍子孙会结出很多果实。”

漆树的果实是制作木蜡的原材料。但现在漆树的果实也没有用武之地了，所以“杀树割漆”几乎成了不二之选。

但在从前，割漆原本就是在不杀死树木的前提下进行的，因为原材料用尽了就相当于断了自己的生路，所以割漆匠们只会选择不抹杀资源的做法。然而，漆木还是越来越少，山野也渐渐被种植的杉树林覆盖了。原本农户们在家附近也会种一些漆树，靠卖给割漆匠来赚点零花钱，但如今这些树却因为变得碍事而被砍伐掉了。相比那一点点小钱，这种容易让人过敏起疹子的树还是砍了来得痛快。就这样，从前漆树是珍贵的现金来源，现在却今非昔比了，因为如今人们有了更多不同的生财之道。

没有了农户和山主的眷顾，遭遇资源不足的岩馆先生开始自己种植漆树，如今已种植了约 20 公顷。如果他不这么做，就很难保证国产漆的产量。

原材料的稀缺必然会导致成品价格上涨。商品出现短缺，需求和供给的关系自然就不平衡了。但说到原材料不足的原因还有另一种情况，就像柳编制品所遇到的情况：当成品卖不出去的时候，自然就没人再去种植原材料了。

这就是恶性循环的开端。先是原材料不足导致价格上涨，使得原本日常使用的柳编饭盒贵到无人问津。而失去买家，也就没有人再去生产原材料了。

除此之外还有另一个致命伤。

柳编饭盒和柳编行李箱曾经风靡一时，于是当时日本各地都开始栽培尖叶紫柳，现如今只剩下为了保存技术而少量栽培的一些，面积还不到一町步（约 15 亩）。就这么一丁点儿产量，不可能挑得出质量上乘的原材料。在从前产量大到需要好几台货车才能运完的年代里，工匠们可以从那么多柳条中挑选出适合做大件手编和小件手编的材料，还能按质量分出包括“极优质”在内的好几个等级。

虽然现在还有柳编艺人，但如果材料不好，就做不出好的成品。具体有关手艺的问题我们在之前的篇幅中已经讨论过了。但简言之，当一个手艺人拿不出质量上乘的作品时，就会被买家摒弃。

手工业中诞生的各种制品，一旦走到开始衰退的那一步，就不可能有机会缓慢淡出人们的视野，而是一下子就完全销声匿迹。

顺便值得一提的是，日本手艺人用本国原材料制作的柳编饭盒要价超过一万日元，但以这五分之一甚至六分之一的价格，就能买到中国产的手工制品。虽然工匠们的手艺有良莠之分，但这么大的价格差，无论如何也是无法与之抗衡的。同样的情况在其他各种手工业领域也时有发生。比如国产的牙签，现在几乎已经找不到了。由于柳树、白杨、白桦等木材资源的枯竭，以及日本国内人工费高昂的原因，国产的牙签与中国的产品相比完全没有竞争力，仅剩下用大叶钓樟等木材制作的高级牙签，全日本还有几家作坊在继续制作生产。竹帘也面临相似的情况。湿地被填埋，河川被改造，湖岸环境的变化使得芦苇的数量减少了，质量也变差了。而从人工便宜、原材料资源丰富的中国进口的产品如巨浪一般涌入日本。这些进口竹帘的价格便宜到令人咋舌，于是中国产的竹帘一举席卷日本全国。日本国内的生产者则只能靠生产茶室中用品以及其他高级制品来延续业务。对此，国内的手工艺人们的看法不约而同：

“拿来用一用，或者只是从外观上看一看就能发现明显的不同。一分价钱一分货嘛。但广大消费者都觉得便宜货买得值。”

原材料栽培的减少也是造成这一现状的原因之一，不过即使有充足的原料供应，负责采集和供应原材料的人也已经销声匿迹了。

参观过岩馆先生的工作之后，我便体会到了割漆工作的辛苦，这确实是一项苦差事。本来就没人愿意干的又脏又苦的活儿，要是报酬能与付出的辛劳成正比，或许还能有人愿意坚持干下去，然而日本国内从某个时期开始，大家就都去城市里打工赚钱了。从前要靠冬日里编草绳贴补家用的时代已经一去不复返了。工业化的推进使城市吸收了大量农村劳动力，而本来收入不多的手工业也被抢走了不少人手，同时也造成了原材料供应者的减少。

就这样，原本配合着自然的规律，利用树木植物的生长周期，能在自然循环中确保原材料取之不尽的手工业劳作也不复存在了。

除了巧妙利用自然，保持原材料源源不断的供给，支撑着手工艺人的还有他们重要的职业文化。为工匠们不断提供优质的原材料，也是材料供应者的执着和骄傲。而对于优质的原材料，工匠或是材料批发商都会愿意花大价钱购买。工匠们常常会说："我们这儿用的都是最好的材料，所以价格也会稍微贵一点。但正所谓物有所值嘛。"

材料供应商、手艺工匠、批发商和销售渠道，每一个环节就是这样创造出引以为傲的成品。此外，也有追求这样高品质的消费者。

第三章　何谓师徒制

工匠的培养

工匠们是如何把一门技术学到手的呢？在这里，我想试着探讨一下教育和培养工匠的方法。

工匠们要想靠一门手艺在世上生存，不仅需要相应的技术水准和职业理念，还得了解行业内必须遵守的行规，因为单凭过硬的技术是不够的。那么怎样才能将各种各样的本领学到手呢？

据说工匠们都相信“活到老，学到老”，“没有最好，只有更好”，“满足于现状就是职业生涯的终结”。

也就是说，作为一名合格的工匠，必须保持冬练三九，夏练三伏。这就引发了我们的思考：工匠们从师傅那里学成之后，要如何继续磨炼自己的手艺呢？

工匠们要去哪里学到那些能让他们受用一辈子的技术和职业理念呢？不是在一般学校或专科学校，也不是职业培训班之类的地方，而是要依靠所谓“学徒制”的职业训练方法。

学徒制就是一个人将自己拥有的技术和相关职业理念传承给另一个人。徒弟要从师傅那儿继承某项手艺，这不仅包括技能本身，还包括如何使技能成为一门营生的必要条件，以及匠人精神。在这过程中并没有教科书可以参考，当身怀绝技的师傅遇到了想要学手艺的徒弟，便将他们收入门下，徒弟要在和师傅的共同生活中完成自己的修行。

在这里我想明确一个观点，以避免造成不必要的误解。虽然我们在这里也会用到“教育”这个词，但在工匠的职业教育范畴内，所谓“教育”与一般定义下的教育还是有所不同的。

从学徒的一方来看，确实有需要学习和牢记的东西，但其实“教学”的一方只是在工作时把徒弟们安排在一旁，让他们有机会观察自己的工作，除此之外并没有特别去“教授”什么。当然如果训斥也算是一种教育，那倒是存在的。所以除了“观察和牢记”，学徒们没有其他捷径，正所谓“修行在个人”。说到底，学徒制的成立完全取决于学习一方的态度。

学徒要从他们的师傅、师兄师弟，以及其他工匠那里学习能让自己受用一生的手艺，学习如何让这门手艺成为一门营生，如何管理原材料的采购、如何销售成品等。

拜父为师的情况

首先，我们来介绍一下拜父亲、兄长、岳父或公公这些亲属为师的例子。

福岛县的铁匠高木彰夫（1940年生）的父亲也是一名铁匠。当年日本有专门的机构向“开拓团”的移居者教授去当地生活所需的基本技能，高木先生的父亲就是在那里学会了打铁的手艺。日本战败之后,这个移居计划也终止了。后来，他们搬到了福岛县西白河郡西乡村居住，一边务农一边经营铁匠铺。也就是在那里，父亲教会了高木先生如何成为一名铁匠，如何锻打铁锹、镰刀等农具。

“要说我是如何学习手艺的？以我自己的情况来说，就是在给师傅打下手的时候学习的。最开始是负责切木炭。刚开始的一年左右都是干生火的活儿。我们打铁所用的炭按大小大致分为三种，根据要锻打的不同物件，所选择的炭的大小也要做出相应调整。”

铁匠铺的活儿要从切炭开始学起，不过这不仅限于铁匠，刀匠之类的手艺也是如此。高木先生当学徒的时候负责的工作是将木炭按三种大小切好、归类，炭如果有大有小，烧起火来温度就会不好控制。制作不同的器物在打铁时需要达到的温度也不一样，所以打菜刀和打铁锹时用的炭大小就不一样。而木炭又根据烧制时所用的木材各有不同，例如由松木烧制成的松炭质地较为柔软，容易燃烧。而栎树烧成的栎炭则比较坚硬，密度高，可以达到较高的温度。

“接着就是帮忙生火。后来就会让我帮着开刃、磨刀。再后来就是锤打形状。这其实并不需要什么手艺，而是要熟能生巧。不过在我能成为独当一面的铁匠之前，铁匠铺已经开始引入机械工具了，所以我没有达到完全凭直觉做判断的程度。但要是不能靠火焰的颜色来判断温度，是不能成为一名合格铁匠的。为了保证每次淬火都在同样的温度下进行，铁匠必须对火焰的颜色了然于心。”

如何掌握火焰的颜色和打铁的分寸呢？火焰的颜色全靠死记硬背，将其深深地刻在脑子里；而至于如何在打铁时保持好器物的形状也并没有什么诀窍，全靠熟能生巧，在手上形成记忆。要说凭直觉的话，可能在处理淬火的时候是这样，因为在什么温度进行淬火并不能笼统地一概而论。要根据季节的变化，以及当日的气温，考虑到天气的因素，在一定温度下把铁烧成，再一下子让它冷却下来。这其中对环境温度的判断是无法向别人或徒弟具体说明的，这可能是直觉，但其实归根结底靠的是对火焰颜色变化的敏锐观察，可以做到比温度计更灵敏地判断温度的变化。对铁匠来说，温度不以多少摄氏度为标准，判断温度的实质是判断在什么样颜色的火焰中铁的性质会呈现什么样的状态。作为徒弟，一定要牢牢记住师傅烧铁时的温度，再照葫芦画瓢。

所谓学徒制，与在学校教室里上课不一样，自己能记住多少只有自己知道，没有测验或考试来检验徒弟的学习成果，顶多是当师傅的活儿和徒弟的活儿放在一块儿比较的时候，徒弟会被师傅训斥："你平时都学到了些什么呀？！"有时徒弟还会受到体罚，那就自然会多长点记性了。

然而，时代的变化还是太快了。

"我刚开始做学徒的时候，手工业就在不断向机械化发展，现在不需要那么依赖直觉也没关系了。话虽如此，但我现在还是在用父亲教给我的方法判断火焰的颜色，还是用原来的方法制作铁锹，都已经习惯了。"高木先生说。

四国岛松山市的铁匠白鹰幸伯先生（1935 年生）的父亲也是位铁匠。明治二十五年（1892 年）出生的父亲跟随师傅学习手艺，后来自立门户，开起了一家专做马车铁轮及建筑类五金用品的铁匠铺。幸伯先生的哥哥曾经也是一名铁匠，但哥哥认为像父亲那样专做马车铁轮之类的工作或许未来前景并不乐观，于是又去土佐拜了别的铁匠为师，学习锻造刀具，后来以“兴光”这个名号重归故里开了一家铁匠铺。

白鹰先生从小就要给父亲和兄长打下手。

“我打小就听惯了打铁铺里的声音。早上我去上学之前父亲就已经开始干活了，所以我一早醒来就会听到风箱的呼呼声。我本身并没有当学徒的经验，但只要放学一回家，就会被叫去切木炭。铁匠铺的入门功课就是切木炭。虽然我当时并不想成为铁匠，但也没办法。我们家用的木炭是赤松烧成的，切炭的时候要注意尽量不要让炭变成粉末。切炭这个活儿会把脸和手都搞得黑乎乎的，这让我觉得很丢人，所以我非常非常讨厌这个活儿。我 9 岁左右的时候，父亲就让我帮着挥锤子打铁了，不过那也只是站在父亲的对面，用锤子帮忙敲打几下而已。”

白鹰先生当初因为不愿意当铁匠就去了东京，边打工边读完了大学，但最终还是回到家乡，继承了家里的铁匠铺。虽然出社会之后有很长一段时间都没接触过打铁的活儿了，但他接手铁匠铺之后，做起了药师寺里用的和钉，还有宫殿大木匠们用的刮刀和刻刀。他曾经供职于生产刀具的公司，十几年之后他再次回到故乡，接替过世的兄长继续经营铁匠铺的生意。白鹰先生之所以能在接手之后让铺子这么快走上正轨，和他小时候给家里打下手时耳濡目染的经历是分不开的。

高木先生和白鹰先生这两位铁匠的例子有许多共通之处：最初的工作都是切炭。我去采访刀匠的时候，铺子里最年轻的徒弟也是一整天都在不停地切炭。无论是自家的孩子还是外来的徒弟，切炭都是学艺的第一步。

从这件小事中，我们可以细细琢磨出几层意味来。

首先，学徒除了切炭之外也帮不了什么别的活儿。刚入门的徒弟或是家里小孩子都能做的事也就仅此而已了。

其次，熟悉环境很重要。在作坊里就算是帮着做一些简单的劳动，也能在不知不觉中渐渐熟悉师傅的性格和脾气，而且如果一上来就要求学徒干很难的活儿，只会让人心生厌烦。所以就从简单的事情开始，让徒弟们在耳濡目染中逐渐对师傅所做的事产生兴趣。学徒要从这样简单的打杂开始，熟悉工作的氛围，才是最好的方法。不过这也不是什么人经过深思熟虑后定下的顺序，只是手工业界由来已久的传统做法而已。

做惯了最简单的工作，师傅才会让学徒帮忙在对面挥锤打铁，或是对刀具进行粗磨，进而才会教授如何掌握火候等。

还有一件事也颇为耐人寻味，那就是白鹰先生所说的，他从小就听惯了风箱的声音。小时候听到的那些打铁的节奏、风箱的节奏，都会在身体里留下记忆。白鹰先生从东京回到家乡之后，之所以可以这么快就拾起铁匠铺的工作，就是因为对这些节奏还有印象。在继承家业的人们身上多多少少都有这种不经意间从小掌握的隐藏技能。

鹿儿岛的簸箕手编艺人时吉秀志先生（1913 年生）就是跟着父亲学习编簸箕的，现在也依然在继续做这份事业。

“我开始学习编簸箕的时候才 9 岁。我们所在的村落有百来户人家，但只有两口水井。我 7 岁那年还没上学的时候，一大清早起床就要拿着小水桶去打水。那时家里还养了牛，所以我还要负责割草喂牛。到了上学的年纪，早上干完这些事，吃完早饭，再到学校，上午第一个小时的课都已经上完了。因为迟到我还要被罚站，为此我很不愿意去上学，学习也开始偷懒。那时父亲就对我说：‘要是真不想读书就算了，你跟着我编簸箕吧。’于是我就入了这一行。最开始，我就负责准备竹条，就是拿着已经被父亲劈成四瓣的竹子，把内侧的囊刮掉。后来，父亲会带着我一起去采集原材料，教我收割原材料的方法，告诉我山樱生长在哪些区域，剥树皮又有哪些窍门等。再之后学习的就是编簸箕的时候不能有半点杂念。父亲对这一点尤为严厉，编簸箕的时候不集中精神是绝对不行的。自己刚上手的时候没法将形状编得规整，无法做出合格的成品，尽管看上去是很简单的东西，但操作起来就是调整不好器型。光是想独自编好一个簸箕的底，也得花上五到六年的时间。”

“我们那个百来户的村落里有一半左右的人都以编簸箕为生。这五十几个人干活儿的时候也会让孩子练练手，孩子们编的半成品交由父亲们负责完善和收尾，做好了就走街串巷地去卖。”

“学手艺的时候常常会被父亲叱责，‘手要再利索一点啊，不然这竹条被折腾来折腾去就要蔫了’，严厉起来也会对我动手。那时候真觉得他是个蛮不讲理的父亲。”

无论什么工作，总有初学者能帮得上忙的活儿。即使不能独立编出整只簸箕，但通过给别人打下手也可以参与到集体制作的过程中来。还有像割草和喂牛这样的活儿，虽说与编簸箕没什么直接的联系，但对于当时的簸箕手编艺人来说，这也是日常生活中不可避免的工作。而且时吉先生当时还不单只是和父亲在一起工作，村落里所有干这一行的人都会在一起工作，这样的环境是很重要的。这个团体里有处在各个学艺阶段的工匠学徒，比起遥望手艺高不可攀的大师们，和这些人在一起边看边学反倒有更多东西值得参考。

从原材料的采集，到竹条的加工方法，再到制作成品，必须要经过漫长的学习和实践。要成为一个能独当一面的工匠，要想得到师傅的认可，被允许制作属于自己的“箕刀”，少说也得耗费十年的时间。箕刀就是证明手编实力的证书，这个工具赋予手艺人的是自识和自豪。见习的学徒们都是抱着有朝一日自己也能拥有箕刀的梦想而勤勉学习。

在冲绳县糸满市建造木制鲨舟的大城正喜先生（1926年生）已经是家中的第四代船匠了；冈山的船匠山元高一先生（1912年生）是家里的第三代传人；家住大阪的橹桨匠人山本安平先生（1923年生）是第四代传人；大阪的竹帘匠人编田六左右卫门先生（1947年生）也是第四代；石工田中光生先生（1913年生）和桥井敏行先生（1943年生）也都是在父亲的膝下学习石匠手艺的。这里提到的各位手艺匠人都是从小就在父亲或家人工作的场所进出玩耍，同时帮着给大人们打下手。

其中有的人像橹桨匠人山本先生那样，曾经一度放弃了父亲所从事的手艺，到完全不同行业的商人家里做幼徒，而后又回到家中继承父业。也有人像桥井先生那样，从小就跟着父亲和兄长认真地摆弄石头，并从此走上工匠道路。而船匠山元先生就没有直接师从自己的父亲，而是跟着在父亲身边出出入入的工匠们边做边学开始建造木船，他14岁的时候就已经能凭一己之力建造木船拿去卖钱了。据说当时他只要在造船的过程中遇到不会的地方，就会跑到别的船匠那儿去，仔细观察别人是怎么做的，然后回到自己的作坊里尝试同样的做法，再遇到不懂的地方就再去看，就在这样反反复复的观察和演练中学会了造船。

和父亲从事同一项工作的人们，从小就能见到、摸到父亲或祖父的工具，即使对如何使用工具还没有意识，但已经认识到了这些工具的功能和使用方法。

在对马制作手工鱼钩的工匠满山泰弘先生（1947 年生）虽然如今已经成为家中手艺的第四代传人了，但在这之前也曾一度坐着船背井离乡，出外闯荡。

“我从上高中的时候开始就在家里帮忙了。因为是家里的生意，所以即使不愿意也不能不帮忙。后来真正继承这个手艺是在我 26 岁的时候。我刚接手不久父亲就去世了。而当时我还远远不到独当一面的程度。做鱼钩这门手艺，主要就是靠看和记，而父亲的早逝让我一度十分艰辛。原本以为按照自己牢记的方法就能做出成品，结果一开始却并不顺利。于是我便向长年使用鱼钩的渔夫们请教哪里做得不好，然后再做出改进。幸好作坊里有一路跟随着父亲的老师傅们，还有一直给父亲打下手的母亲，多亏了这些人的帮助，我才终于做出了像样的成品。当时我也意识到，能做出这样的成品，跟从小看着父亲和工匠们干活也不无关系。终日耳濡目染，不学也自会三分。这种手艺就是要边看边学，这是唯一的途径，别无他法。靠别人教是教不会的。”

边看边学，如果从小就对父亲或工匠们的工作有一些观察的话，长大之后这些记忆一定会有所帮助。

除此之外，世世代代延续下来的手工艺事业，对于继承者来说，很大程度上也意味着要背负的责任。就算不情愿，就算觉得艰辛，也不能轻易就放手。对此，满山先生是这样说的：

“要继承世代相传的事业，果然还是需要一些决心的。看过父亲怎么干活儿，就会知道这件事做起来有多辛苦。说是决心吧，也就是一种不知从何而来的要去继承的意识，产生了这种意识之后就自然而然地有了代入感。我的儿子现在虽然在从事别的工作，但他也可以给我打下手，也知道我们这个活儿究竟是怎么干的，他也说总有一天会回来继承家业。所谓世代相传的事业不就是这么一回事吗？”

要继承父亲的手艺，孩子从小就要学习这个职业的生存之道，顺应季节进行工作，对自己的职业有所规划，在与平时进出遇到的工匠们交流时学习各种各样的知识。从小就要观察父亲和其他工匠们是怎么工作的，有时还要搭把手，就在这样的环境中熟悉了工作的氛围。这样接触材料和工具的机会也更多。虽说真正成为学徒的时候他们会和其他弟子一起学习和实践，但如果和从来没有接触过这项手艺的年轻人相比，师傅家的小孩当然是更有优势的。他们的身体在不知不觉中已经对工作时肢体的律动和动作的顺序有了记忆。

常听人说，去木匠家做徒弟还要帮师傅照看家里的小孩。你肯定会想，帮着照顾小孩对学习木匠手艺能有什么帮助呢？但对刚入门的徒弟来说，如果对这一行一无所知的话，确实可以通过这样的形式从旁了解木匠是一门什么样的手艺。如果是出生在手工艺世家的孩子，那他们从小就能在生活中学到从事手工艺所需要的基础知识和心理准备等，或许学徒们也能在帮忙照顾小孩的同时，不知不觉地学到相同的东西。

即使是子承父业，也有不少人并没有拜父亲为师，而是去同行的其他师傅门下做学徒。这样一来，虽然还是同一门手艺，但跟其他弟子相比就不会有什么特殊待遇了。有的父亲认为让孩子在自己家学手艺容易对他太放松，所以会特地把孩子托付给别人。在别人门下，就算比自己早一天进门，也都是前辈，学徒之间讲究严格的论资排辈，前辈说的话后辈必须要遵从。能听得他人差遣，以后才能学会如何差使别人。

日本有种说法叫“吃别家饭”，指的就是抛家在外，侍奉他人，以此来积累社会经验。这也是学徒制中的一项修行。要能成为独当一面的匠人，不仅需要学习手艺，还必须懂得待人处事的方法。

家住东京，以桧木皮或薄木片修葺屋顶为生的谷上勋先生（1929 年生）家中代代都是屋顶工匠，家中进进出出也有许多专业的工匠。谷上先生也好，他的兄长们也好，都是跟着父亲和其他工匠，从加工桧木皮和薄木片开始学起，再到学习如何修葺屋顶，直到现在也还在从事着这项工作。

谷上先生给我展示了加工好的薄木片和桧木皮，以及修葺屋顶要用到的一些简单工具。我问谷上先生，要经过多少年才能像个合格的工匠那样使用这些工具呢？

谷上先生说：“要能做到完全独当一面吗？考虑到一些很难处理的位置的话，至少也得要十年时间吧。工具其实都是很简单的，但是干手工活儿就是要靠肌肉记忆。所以真的只能靠慢慢积累，花时间让技艺融入自己的身体里。”

我们再来多聊一些从父亲那儿继承手艺的工匠们的故事吧。

有许多烧炭师都是跟着父亲学艺，随后继承父业。宫城县白石市的佐藤石太郎先生（1921 年生）就是其中之一，他的父亲以及村里的许多其他人都曾以烧炭为生。

佐藤先生告诉我："这里全村都以烧炭为生，我父亲也是一名烧炭师。我当然也是从小就跟着父亲到山里去，因为也没什么别的可干。我从来也没想过要从事烧炭师以外的职业，所以就一直跟随在父亲身边。"

"去山里采伐树木的时候也是这样。除了砍伐自己烧炭所需的木材，还要注意保育树木的生长，因为就算自己以后不来这里了，儿孙们以后可能还要来这里砍木头。抱着这样的想法，烧炭师们就会边伐木，边栽培。十五年、二十年过去了，又可以再回到这座山里来采伐树木了。我会和父亲一起去伐木，边做边记住采伐树木的方法，学习哪些事该怎么做，不该怎么做。父亲和同业的前辈们就这样一边干活儿一边把这些知识和技巧教给我们这些后辈。"

在和歌山县烧制备长炭的烧炭师汤上升先生（1955 年生）也有相似的经历。

他说："我的父亲和祖父都是烧炭师。出生在这里的人除了干这行也想不出有什么别的可干了。我并不记得读小学的时候帮着家里干过什么活儿，倒是记得那时会在炭窑附近跑来跑去地玩耍。上初中的时候就开始帮忙打下手了，正式把烧炭师当作一份职业，应该是在高中毕业准备找工作的时候。我不愿意到外面去听别人的差使，所以从那之后就一直跟着父亲烧炭。这期间我一度放弃过烧炭，想试着当一名司机，但干了两年左右，还是决定要一门心思做个烧炭师。如今我干这一行已经有二十几年了，但一路以来都是跟着父亲一起干。父亲决定退休大概是六七年前的事，在那之前我们干什么都是两个人一起。烧炭这个活儿关键就是要判断烟的颜色、气味和火焰的颜色，以及窑底的制作方法。直到现在我也还没烧出过让自己百分之百满意的木炭。所以就算烧了这么多年炭，每当遇到问题，我还是会去向父亲请教，因为气味这种东西的微妙差别没法用语言来传授，而且对气味的掌握全凭个人记忆，记忆这个东西也没办法简单地拿出来相互比较。”

汤上升先生的父亲汤上勇先生（1929 年生）也如是说道：“我的父亲也是跟着祖父学的手艺，祖父则是跟着他的父亲学的手艺。他们从这座山到那座山，来来回回伐木烧炭。烧炭的时候就在炭窑边造一间小屋，在那儿住下。”

同样是烧制备长炭的烧炭师胜股文夫先生（1931 年生）也是跟着父亲一起烧炭，而后继承了这门手艺。

“我的祖父曾经也是烧炭师，再祖上或许也是干这个的，至少就我所知，我们家从我祖父这辈开始就干这行了。所以当别人问起的时候，我常常会说，我们家祖孙三代都是烧炭师。我一直都是和父亲一起干着烧炭的活儿。我还有个哥哥，当时我们跟着父亲一起工作，一边学习伐木，一边学习烧炭的方法和诀窍。”

听手艺人们这么说，看来父亲作为师傅时，就是在共同生活的点滴中，将手艺通过言传身教传授给孩子。

而孩子为了学习手艺，就要一边观察父亲工作的样子，一边通过共同劳作来记住这些手艺。

秋田县的通草藤蔓手编艺人中川原信一先生（1949 年生）也是一名子承父业的手艺人。我们在前文中介绍过，从采集原材料到制作手编，所有的工作都要由手艺人们亲力亲为。在此，中川原先生讲述了他继承父业时的故事。

“初中毕业之后我就正式开始成为手工艺人了。不过说起来，其实上学的时候也已经在做了。我很喜欢到山里去，而且我也不算特别聪明，如果去外面找别的工作肯定也不容易，所以就选择了手工艺这条路。父亲其实也不会刻意教我要这样或不要那样，至今为止父亲从来都没有手把手地教过我，一次都没有。我们只是在一起干活，边看边学就会了。工具也只有这些,没什么特殊秘诀。手编就是这样，如果谁想要来学，无论是手编的方法也好，采集藤蔓的方法也好，都可以教给他。不过师傅只负责领进门，后面的修行就全靠各人自己的努力了。我其实也不算在父亲门下做过学徒。手编其实也不是什么很难的手艺，你要是今天来学着编，当天就能编出一个属于自己的作品，但如果要编出能卖的商品就另当别论了。首先采集原材料就很麻烦，手编本身也很费时间，所以要干这一行就必须得有干劲和耐心。因为我做手编的方法跟父亲的方法不完全一致，所以做出来的成品造型也略有不同。从一件成品就能看出那个手艺人的性格和脾气，因为器物的形态都是工匠们所赋予的。手编这个活儿可以说不需要什么资金成本，只要有剪刀和锥子就行了，剩下的就是些手工活。换句话说，既然不怎么需要工具，也就意味着手艺人的双手才是至关重要的。”

在中川原先生的父亲中川原十郎先生出生的那个村落里，通草藤蔓手编曾经是农户农闲时经营的副业。鹿儿岛的簸箕手编艺人时吉先生所在的地方也是如此。还有在秋田县角馆町的菅原昭二先生（1927 年生）和当地工匠们继承的槭树条手编也曾经是当地的集体产业。虽然现在当地还有几个人会这门手艺，但以此作为职业的就只剩下菅原先生一个人了。回想当年，那可不只是一个家庭在经营的事业，而是整个地区所有人都在传承的一个手艺。

山形县温海町关川的椴木织、兵库县丰冈的柳编制品、大阪府河内长野的牙签、山形县长井市金井神的室内用笤帚、岩手县一户地区的赤竹手编制品等，这些不胜枚举的地方手工艺，都是靠父辈将手艺传授给后代，孩子也都是从小看着父辈工作，然后慢慢学习和继承这些手工艺。

丰冈市的柳编工匠丸冈正子女士(1934 年生)这样说道：

“我可算不上什么大师，干的活儿都是从前在农闲时学会的手艺。以前还是个小姑娘的时候大家都要学习这门手艺，我们从小就对柳条这个东西很熟悉了，都是边看边学。我开始做柳编的时候也就十六七岁，但要成为一名合格的手艺人可没那么容易。有时候我就是弄不清到底哪里做得不对，会被父亲骂到哭，然后就记住了。在我们那儿到了冬天大家都会在家做手编。做手编的工具，包括工作时用的板子都会从父辈那里继承下来，就算出嫁了也会把工具一起带到婆家接着干。”

在关川制作椴木织的五十岚勇喜先生（1935 年生）这样说道：

“以前在关川，嫁过来的新娘一定要会做椴木织，会抽丝。做不了这些会被别人说不够格，所以大家都会非常努力用心地学习。婆家也会教新媳妇干活儿，但学起来还是靠边看边学、边学边做。”

如果大环境很成熟，要成为手艺人也并不需要太大的决心，因为周围的人都有这样的意识。要说辛苦大家也都是一样辛苦。在学习手艺磨炼自己的漫长过程中，举目望向四周都是和自己一样境遇的人，能成为相互的支柱，或者至少能有人聊聊共同的话题。

专业手艺人所从事的工作都需要直觉，无论是指尖和肌肤的触感，还是对气味和火焰颜色的判断，靠的都是手感和直觉，通过手指上的力道来调整器物的形状，或是靠眼力来判断何时进行下一道工序。这都是只有靠训练自己的身体才能掌握的本领。

即使是亲子之间的教学，也只能靠自己边做边学。

因为这些都是用言语或动作无法解释清楚的东西。就算表达出来了，学的人也未必能明白师傅所说的意思，唯一的办法就是即使一头雾水也要不断地反复操练。假以时日，就会突然在某一个时刻，领悟到了父亲、前辈或大师们所说的意思。

在那之前，都只能靠边看边学、边学边做。被师傅责骂的时候或许心里会埋怨师傅怎么这样不讲理；遭了皮肉之苦，或许会想，与其动手打我，就找不出更简明易懂语言来教我吗？但要让自己的身体产生记忆，真不是这么简单的事。

要让自己的身体或手对某项技艺产生记忆，实际上是要塑造自己的身体。手艺人们所用的都是很简单的工具，但对于工具的使用，也能分为好几个阶段。为了让工具成为手的延伸，像指挥身体的一部分那样自如地应用工具，就必须对身体进行训练。这个训练的成果无法用数值来判断，只能凭感觉。要把身体打造成精确的工具，通过训练，让身体的感觉每次都能做出同样准确的判断。在训练身体的同时，作为手艺人的思考方式和感性认识也都一定要向师傅靠拢。

在这个过程中言语的判断起不到任何作用。如果过分依赖言语，身体反而会怠惰，那就没法磨炼感觉了。

看过父亲母亲、祖父祖母干手工活儿，体验过工匠工作的氛围，继承者们心中会更明白，即使不用言语和理论，依然能走出一条学艺之路。

听了这些做手艺活儿的工匠们的话，我也能对他们的痛苦感同身受。

我听到工匠们说，被师傅呵斥“你连这个都不懂吗”的时候，他们真希望自己能拥有师傅的手指。学艺的时候就是要用自己的身体去复制师傅的身体，用自己的手指去复制师傅的手指所感受到的知觉，用自己的嗅觉去将师傅所说的“就是这种气味”中的“这种气味”提取出来，印在自己的嗅觉里——这就是手艺人的修行。小孩子从小生活在父亲身边，就会观察和猜测父亲的想法、母亲的感受、父亲的期望、接下来会发生的事，等等。所谓手艺的传承，就是将一门手艺从一个人身上复制到另一个人身上，然后继承下去。

在进行创新和发挥个性之前，首先必须要将手艺原原本本扎扎实实地继承下来。

而“学徒制”就是为了完成这种手艺的继承——或者说复制——而建立的训练方法。

从这个层面上说，如果父亲或祖父能当师傅有着重大的意义。因为这样就等于师傅一直都在身边，也就意味着要复制的样本就在身边。只要等后辈对这门手艺产生了继承的意识，父亲或祖父也一定会毫无保留地将自己学到的技术传给后人。

在师傅门下

接下来，让我们来聊一聊专门去找师傅拜师学艺的人们。他们或许在入门之前对这件工作一无所知，单纯为了学一门手艺而来到师傅门下做学徒，又在学徒制的体系下历练自己，最终成为独当一面的工匠。

锯木工关谷文雄先生（1938 年生）的职业生涯就是从学徒开始的。

在他成为锯木工之前还做过两份其他工作。他成为锯木工的学徒时，师傅曾对他说，在这行当学徒起码得熬个五年。但关谷先生因为有做木工的经验，所以刚成为学徒没多久，师傅就让他拿着锯子锯木头了。然而，学徒的修行之路还是很艰苦的。

“从早上八点一直要干到半夜十二点，我们这些学徒几乎没什么休息时间。我当过木匠，所以师傅画好了墨线我就可以照着锯，但锯不了多久手上就出血泡了。即便如此也顾不上管它，照样接着锯，血泡就算磨破了也不会用创可贴什么的来处理伤口。晚上睡觉的时候要是手指攥得紧，溃烂的血泡就会把手指头粘住，第二天早上还得拼命把粘住的手指头一根根掰开。”

一开始锯木头的时候不得要领，靠的全是蛮力。不过即便能用巧力，锯木头也是个力气活儿，所以锯木工每天上午十点和下午三点的茶歇偶尔还会有拉面吃呢。可见就算积累了经验之后不再用蛮力而是靠技术，锯木头也还是一项重体力劳动，要不然也不至于要拿拉面当点心了。

一开始最辛苦的就是单凭力气锯木头的时候。如果只凭力气锯线走不直，很容易就会锯歪。

开始锯的位置叫作“头”，一般都是师傅帮着起好头。如果有新来的或是技术还不到家的徒弟，师傅就会拿一把“前挽锯”（板锯），先把头起好了，把锯子留在木头里直接交给徒弟继续锯。但就算是这样，要沿着墨线笔直地锯下去也不是一件简单的事。

“就算我有过当木匠的经验，一开始锯大型的木材也会锯歪。师傅说一旦锯歪了就要马上告诉他，他来帮忙修正。我只跟着师傅学了一年半左右就离开了。师傅之前说过要我坚持五年，等过了五年才会教我怎么磨锯，但我熬不了那么久了，所以磨锯这活儿我是自学的。锯齿的磨法必须根据要锯的木头做出相应调整，这其中有太多讲究，钻研的时候也吃了不少苦头。”

虽然师傅说过想要成为独当一面的锯木工就得坚持五年，但关谷先生为了赚钱养家，还没学到最关键的磨锯技术，就早早出来自立门户了。

于是，磨锯的方法只能靠自学。

先是根据记忆，回想师傅磨锯的动作，边回忆边模仿，却怎么也磨不好。于是关谷先生就会趁师傅外出的时候回到作坊里去看别的工匠是怎么磨锯的，边看边偷学。即便这样还是花了很长时间才掌握了如何磨出笔直工整的锯齿。

身边没有师傅学起来是很辛苦的。如果有师傅在，就能请师傅演示几次，看着就明白了。就算师傅并没有开口教，光是能近距离观察就已经很有帮助了。所谓“偷师”，前提是得有老师在才行。

不过就算有师傅在身边教你磨锯，也不会手把手地教。

顶多是在工作中遇到要配合木材进行磨锯的时候，可能会随口带过一句，这一句话里可能包括了磨锯的方法、要注意的重点，甚至可能还包含一些诀窍，但要想真正理解这句话，还是得锯过足够多的木头，必须能琢磨出为什么自己的方法行不通，才能最终领悟到师傅所说的重点和诀窍。

所以说一个人学手艺，身边有没有一个能起到示范作用的师傅还是很不一样的。尽管如此，当关谷先生在工作中再次与师傅偶遇时，师傅看着关谷先生的锯子，竟然还是夸奖道："你这锯齿磨得比我还好嘛。"

关谷先生的例子可以说是一个特例，虽然没有满师，却也青出于蓝。

但一般来说，要成为一名职业的工匠，少说也要经历五年的学习和锻炼，这个阶段有时可以长达十年。当然，也有像关谷先生这样中途就自立门户，而后靠自学成才的人。除此之外还有一些极少见的情况，就是仅在短短几天的时间里，学习一些最关键的技艺。

下面，我们来聊一聊秋田县角馆町槭树条手编艺人富冈铁雄先生（1924 年生）的故事。

前文讲到槭树条手编的时候，我们以菅原昭二先生为例做过介绍。而说到富冈先生的学艺之路，从原材料采集到手编技巧，他靠的几乎都是自学。原材料就在附近的山里，附近的农户都将漆树条手编当作农闲时的副业，平常自己家里用的手编制品都是自己做的。

富冈先生本来只会编篮子或腰间挂篓之类的物件，编完之后就拿来卖钱,贴补家用。后来因为簸箕的需求量最大，价格也卖得高，所以他也想试试编簸箕，但怎么试也没成功。

“于是我就提了一升酒,去跟人请教该怎么编簸箕的‘脚后跟’。我找的也不是什么熟人，就是请他给我演示一下，我在一边看。我坐在那儿整整看了一天，终于明白了其中的巧妙。心中庆幸自己请人做示范是对的，虽然只是拜了一天的师，但要不是亲眼目睹这些技法，靠自己是怎么也琢磨不出来的。”

虽然这其中也不是有什么机密，只不过靠自学还是会遇到一些难以企及的技巧。

对富冈先生来说，也不是经人教授了这一技巧之后，就突然变成能独当一面的手编匠人了，这只是给他之后的自学之路打了个基础。通常这些入门的基础都得从师傅那儿学到。

秋田县平鹿郡大雄村的木匠铃木俊己先生（1949 年生）初中毕业后马上就去了木匠师傅那里做见习学徒，住在木匠师傅家学习木工手艺。他出生在农户家庭，家里就只认识这一家做木匠的。

“我当上学徒的时候刚好是东京举办奥运会的那一年。师傅是父亲的朋友介绍的，对我来说完全是个陌生人。但我师傅承接的工作范围很广，算是挺出名的一位木匠。我拜师的时候前面已经有五位师兄了，我排行第六。

“我拜师那年师兄中排行老大的刚好入行五年，就要满师了。二师兄以前是在农民家给人打杂的，所以年纪挺大了才来拜师当学徒。还有处在学徒第三年和第二年的两位师兄，以及一个比我早半年入门的师兄。学徒制的世界与年龄无关，完全按照拜师的先后来按资排辈。哪怕拜师只比你早一天，那也是你的师兄。

“师傅倒是没让我干过煮饭、带孩子的家务事。顶多是早上起来扫扫地，把门口通往街上的这条路打扫干净。刚入师门没多久，师傅就带着我到他工作的地方去了。”

因为学徒学艺时要住在师傅家，所以每天从一大清早开始，一整天都和师傅、师兄们在一起，劳作的时间就会很长。

“做见习学徒的时候，每天早上五点半左右就要起床了，要收拾屋子，还要打磨工具，和大家一起吃完早饭之后，就要骑着自行车到我们工作的地方去。自行车都是来拜师的时候从家里带来的。六点半左右从师傅家出发，八点开始干活，上午十点和下午三点有两次休息时间，中间还有一个小时多一点的午休时间，盛夏最热的时候午休会延长到两个小时。但其实只有师兄们和师傅可以休息，作为见习学徒，不管是十点和三点的茶歇，还是午休时间我都不能休息。晚上则要工作到天色渐暗为止。现在回想起来，那段时间可真是没少吃苦。”

虽然昭和二十年（1947 年）日本就有劳动基本法了，昭和三十四年（1959 年）也有了最低工资法，但这些法律并没有融入手艺人的世界，而且师傅还负责传授职业技能，所以这些规定也未必适用于学徒这件事。毕竟师傅要负责徒弟们的吃喝，还要教给他们手艺。所以当时没人想过要给见习学徒或正式学徒支付工资或报酬。

铃木先生说 :“我入师门的时候学徒制还是以前的老样子。在学徒期间是没有薪水可拿的，但每月有两次休息，一开始每次休息的时候都能拿到 100 日元，这样每个月就有 200 日元的收入了。第二个月拿到了 300 日元，第三个月是 500 日元，后来就一直是 500 日元。那时候理一次发就要 230 日元，所以这些钱根本不够用。别的学徒家里会再给他们一些零用钱，但我家里穷，根本没有闲钱来贴补我。为了给自己赚点零花钱，我有时会去帮附近人家修补木墙上的缝隙，在夜晚或休息日也会做点木簸箕来卖钱。当然这些都是经过师傅允许的。师傅说，边角料都可以用，你想做就做做看吧。一个木簸箕可以卖到200日元左右。赚这些外快主要是有时看着朋友们买饮料喝，我也想买来喝。”

不过在见习的过程中能有这样的待遇是极为例外的情况。铃木先生是因为在做学徒期间父亲不幸身故了，师傅为了照顾他家里的困难，所以给予了特殊照顾。即便如此，刚入门的时候是不可能马上有机会接触工具的。

“要在真正的工作中拿起工具，那起码得是半年到一年之后的事。尽管刚成为学徒你就会拿到三把凿子、一副锯子和一把木锤，不过最开始你只会用到扫帚和簸箕。有一天，在我们工作的地方有个年纪挺大的老木匠，他对我说：‘我把刨子借你，你试试吧。’那是我第一次刨木头。那时我都还没磨过刀呢，能拿起工具来刨木头的感觉真好。我到现在还记得当时的情形。”

在工地上，除了师傅和同门师兄弟这些自己人之外，还会有些别的木匠，都是些已经独立门户的手艺人，作为见习学徒也要给这些工匠们打下手。所谓见习，不仅要跟师傅学，那些已经在帮师傅干活儿的师兄们，还有工地上其他木匠，大家都是老师。提起学徒制，就会常常牵扯到师傅打徒弟的话题。铃木先生遇到的情况又是如何呢？

“师傅倒是从来都没有打过我，只有比我早半年入门的那个师兄会打我。说白了，那个人就是手艺不行，中途就放弃了，但他总是爱对我发火，无缘无故就会打我，有一次他把我打得整个眼睛周围都紫了。不过也就只有他一个人会动手打人。其实我现在也还会见到这个人，见面时也还是得尊他为兄长。手艺不精也好，其他事也好，师兄总归是师兄。这种礼数还是要严格遵守的。师傅的教导方法虽然严格，却从来没有凶狠地骂过我。要是因为受了责骂就变得焦躁起来是不行的。我因为家里条件的关系，很想早一天自立门户，再加上居心不良的前辈对我的欺压，一想到这个人我就变得更加发奋起来。虽然有些话自己讲有些不合适，但我确实学得还挺快的。调教弟子也不是一件简单的事呢。能遇到发奋的徒弟当然好，但总会有坚持不下去而崩溃的人。当然也有理解不了、达不到师傅要求的情况。”

虽说师傅是那个教授手艺的人，但其实他们也并非教育方面的专家。师傅们虽然有一副好手艺，却未必懂得去研究教学的方法。自己从前是怎么学的就怎么教徒弟，剩下的就看师傅个人的性格和脾气了。鉴于学徒制这种体制的特殊性，拜师入门还是越年轻越好。等到学徒自我意识开始萌芽了，就容易产生反抗心理，要是遇到一些不近人情的叱责，或许就会无法忍受。

“我初中刚毕业就去做学徒了。决定要去拜师的时候我还曾经跟父亲商量过，要不要先去上一个为期一年的职业训练班，父亲心想先学习一些木工的基础知识或许对以后当学徒有好处。谁知师傅却说：‘要是有了先入为主的印象反而更难教，还是一毕业就直接来我这儿吧。’”

当学徒也有半途而废的。

“如果自己的手艺没有长进，就会被别人超越。就算是同时入门做同一件事也会有做不好的人。遇到这种情况，如果自己能发奋努力还好，但落后的人总是容易被欺负，老是被人拿来比较心里肯定也不会痛快。我觉得总是打我的那位前辈就是因为受不了被人远远抛离的感觉，才会中途放弃。”

我们之前已经反复提到过，师傅是不会手把手教徒弟的，也不会通过详尽的语言表达来进行教学。

“师傅所谓的教学，就是演示一遍给你看而已，但仅凭这样，徒弟肯定是记不住的。好在师傅一直都会在工地现场和徒弟一起干活儿，所以遇到不明白的地方看看师傅是怎么做的，这样就能记住了。其实当时的自己并没有意识到这一点，是后来回想起来才明白原来是这样。做徒弟的是不会轻易去跟师傅搭话的，就算在小歇的时候，也不会跟师傅聊天。师傅会跟雇主或其他工匠一起边喝茶边研究图纸，我们就在后面盯着看，听他们讲话。”

“我大概是到了当学徒的第三年，才真正觉得自己有希望成为一名木匠。因为第三年师傅把画墨线的工作交给我了。”

第三年就负责画墨线在学徒里算是进度很快的了。因为师傅只有在认为徒弟的手艺已经达到了某个程度时，才会将相应的工作交给他，让他试着做做。虽然师傅不挑明，但其实这也是一种考试。徒弟也可以通过处理这些工作来建立自信，培养工作中所需要的胆识。手工艺匠人要想进步不能靠一点一点慢慢来，而是需要一鼓作气向上迈一个台阶。

在当学徒的第五年还没结束之前，师傅让铃木先生负责给自己的亲戚家盖房子。当时师傅对铃木先生说了这样一句话：

“不要担心交货期限，做出好活儿更重要。”

为了多赚点钱，手艺人唯一的出路就是早点交货，再尽量多接点别的活儿。发展到后来，干活儿就会偷工减料。许多手艺人都免不了走上这条路。

“我觉得那个亲戚家的房子我应该造得还不错，因为师傅什么也没说。”

铃木先生修满五年学徒之后，选择了继续留在师傅家做工，不过他每天只拿 1700 日元报酬，比一般的工匠要少

200日元，这其中也包含了谢恩的意味。从前的学徒制度中有“以劳谢师”的习惯，徒弟在满师之后的一年内仍然要以弟子的身份在师傅身边工作。因为在学徒期间，师傅要给什么都不会的徒弟们提供饭食，还要教他们手艺，这对师傅来说也是不小的负担。虽然师傅也会让徒弟们干这干那的帮忙打下手，但对于一名还要靠赚取日薪来过日子的工匠来说，同时还要培养徒弟确实不是什么轻松的事。好不容易把徒弟们培养成了可以独当一面的工匠，他们却要出去自立门户了。所以满师之后要先为师傅效力一年，也有两年的，虽然没有统一的规定，但通常都会在拜师的时候就商定好。“以劳谢师”的实质正如它字面的意思，就是为了向师傅表达感谢，在此期间拿的钱还是跟做学徒的时候一样，以自己的劳动来报答师恩。不过如果是在自己家做学徒就没这个说法了，只有外出拜师学艺的人才要遵守这个规矩。用现在的话来说，就是学成之后一次性还清学费。不过除此之外，“以劳谢师”这段时间内的工作也还具有别的意义。铃木先生如是说道：

“就算五年学徒期满，也未必就能靠自己担得起正式的木匠活儿。太年轻的时候学不到什么太难的手艺，还是得从简单的事情入手一点一点记住。所以想要手里出好活儿，我觉得怎么也得干上个十年，而我本身是花了比十年更长的时间，才开始觉得自己真正能做到独当一面。”

所以在满师之后继续在师傅身边工作也有积累经验的这层意义，做学徒的时候没能记住的技法，现在通过有酬劳的工作来加深记忆。工作中有很多细节在手艺达不到一定程度的时候是没法领会的，就算是看着觉得会了，做起来才能发现靠观察看不到的细枝末节。

我们再来介绍另一位手艺人外出拜师学艺并以劳谢师的故事。

用薄木片来修葺屋顶的工匠云雀佐太雄先生是1928年出生的，就年龄来看，他是比前文中介绍过的铃木先生年长一辈的手艺人。他在拜师学艺的时候与师傅约定的是“三年学徒期，外加两年以劳谢师”。

云雀先生是在战争结束的那年，也就是昭和二十年（1945年）跟着木片屋顶匠人开始做学徒的，那年云雀先生虚岁才18岁。

“当时约定好学徒期为三年，学成之后的两年要以劳谢师，一共是五年时间。师傅家和我家住得很近，所以我就没在师傅家住，而是每天往返于自己家和师傅家学手艺。一开始的时候师傅也让我帮着看孩子，洗衣服扫地什么的没叫我干过，帮着打扫庭院倒是有的。可能因为铺屋顶一般都要外出，到别人家的屋顶上干活儿，所以师傅家里的家务事就鲜有机会要我帮忙了。早上天还没亮我就要到师傅家里，帮忙做一些准备工作，把工具都拿齐，然后师傅就带着我出去干活儿。午饭需要自己准备好带去,工具也是。屋顶匠人用到的工具也不多，但我一个人要把两个人用的工具都拿着。工作结束之后要把师傅送回家，等师傅进了屋我才能回家。有时雇主会请师傅吃酒，那我就在一旁默默候着。等师傅喝得差不多准备回家的时候，我得帮师傅把鞋穿好，回到家再帮着脱鞋。一般师傅要是在外面喝了酒，回到家也一定会再喝上一点，那我就会一边给师傅备酒，一边听师傅讲话。师傅要教给我的是我能受用一辈子的手艺,所以这些礼数我还是要尽职服侍的。从这个角度看，师傅的地位比父母还要高。师傅的一举一动学徒都看在眼里，并进行模仿，不然是学不到手艺的。我相信肯定不止我一个人这么想。”

“自己用的工具都是在拜师学艺的时候自己准备好的。虽然会用到一种特殊的锤子，但也并不是什么价格昂贵的东西。听说有其他手艺人在学艺的时候会用师傅提供的工具，而且在学成之后还能拿到一整套工具，我们这行是没有的。一开始到了工地也就是帮着打扫和打杂，休息的时候帮忙准备茶水。工作的地方也有其他工匠，午休的时候也要帮着他们做准备工作。手艺与其说是教会的不如说是看会的。

其实过程很艰难，这种工作师傅不会手把手教，一是手把手也没法教，二是即使手把手教你也学不会。师傅也不会跟你说，像这样的地方要这样做，然后再这样做，完全就是靠自己观察然后记住。一直做不到师傅满意,就会被训斥：‘你平时都在看些什么呀！’”

云雀先生为我演示了如何削木片。只见他通过刀尖感受到木材的抵抗力和韧性后，就能通过身体自如地控制刀的走向和扭度，他说这靠教是教不会的。

只能靠不停操练，直到自己学会为止。遇到疑问，就在师傅操作的时候仔细观察，模仿师傅的手法和施力方法，直到自己也能掌握这些技巧。

当见习学徒的时候薪水真是少得可怜。

“你什么都不会，师傅还得教你，不给工钱也是理所当然的了。话虽如此，师傅还是会给一些零用钱。但最初的三个月是完全没有收入的，从那之后才会逐步给一点。等到我以劳谢师的时候，最后那第五年师傅说我已经算是一名合格的工匠了，所以师傅没再让我白干，而是几乎按照一个普通工匠的手工费给我结了工钱。”

木片屋顶工匠的薪水不是按照日薪来结算的，而是要通过当天的工作量来计算手工费。这就要计算一天修屋顶用了多少薄木片，说好每铺一捆薄木片收多少钱。云雀先生虽然拜师的时候约定好的是学徒期满之后再在师傅身边工作两年以劳谢师，但因为师傅觉得他手艺已经够火候了，便提前按照一般匠人的手工费支付给他薪水。由此可见，所谓“以劳谢师”的时间长短，其实也可以根据师傅的判断来做出调整。

除此之外，以劳谢师的过程还有别的意义。

徒弟在学徒时期虽然也是一直跟师傅在一起工作，但从满师到以劳谢师阶段结束为止，并没有正式的机会和别的工匠一起工作。所谓学艺，学习的不仅仅是技术，还有作为职业工匠的礼数和价值观，这也关系到师傅的体面，所以如果没学好这些，师傅是不会让徒弟出门的。

“师傅对礼仪礼节要求非常严格。不只是对雇主要礼貌，对待师兄或对同业者的态度也很讲究，方方面面都十分严格。”

云雀先生就曾差点被逐出师门。

“那是当学徒的第三年前后发生的事。在某个工地，师傅和他的一位朋友在一起工作。那位朋友的儿子当时也是见习学徒，就跟着父亲一起来工作。那个年轻人比我还小两岁。那天的工作结束之后雇主在家招待了酒水，我就在门口等着师傅，帮师傅穿鞋。我在帮师傅系鞋扣的时候，那位年轻的学徒就帮师傅拿着他的伞。我们往回走的时候，正要经过我家门口，师傅突然说‘把工具都给他’，让我把工具都交给那位年轻的小哥。那天从现场回来的路确实是先从我家经过，但被师傅这么一说，我觉得不知所措。因为一直以来都是我先送师傅回家，等他休息了我才回家的。我正茫然的时候，师傅一把从我手里夺过了工具箱，还丢下一句：‘明天开始你就不用来了。’回到家我还是怎么都想不通师傅为什么要骂我，心里实在着急，就去找了刚才和我们在一起的那位工匠，求他陪我去跟师傅道歉。到了师傅家之后，他们两人就开始喝起酒来，师傅怎么也不肯说我究竟哪里做错了。结果就这样过了两个小时，师傅的那位友人说要回去了，起身告辞的时候劝师傅：‘差不多就原谅他吧。’后来我才知道师傅生气是因为我明明还是个学徒，竟然还让别人的徒弟帮着拿伞。总之，在礼数礼节方面师傅就是如此严格。”

工作上也是一样这么严格。如果发现自家徒弟干的活儿不像样，师傅会毫不留情地把铺好的屋顶全部掀掉，让徒弟重新再铺一遍。无论是对同行还是对自己，工作上的要求都很严格。

铺屋顶的工作会分为几组人同时进行。屋顶最边上的部分都是由手艺最好的师傅来负责的，然后依次分配各人负责铺设的范围。一个人能分到多少工作量就看他的手艺到什么程度。铺得慢的人只能负责铺个几十厘米，铺得快的人的工作量就要多得多了。如果旁边的人铺得慢了，下一个人做完了自己的那份就会来等着那个人交接。做学徒的时候遇到这种时刻会觉得非常丢脸。

“不过被这样逼着，手脚才会变得更麻利。所以回过头想一想，故意刁难或许也是一种教育的方法，师兄肯定也是为了调教我们才那样做的。能熬过去就没事了，不过当然也有受不了，选择中途退出的。也有师傅对徒弟大打出手的。”

如果不完成以劳谢师期间的工作，学徒生涯就不算结束，是不可以出去干活儿的。当然也不能一不高兴就夺门而出，再去别的师傅那里当学徒。正因如此——当然更为了能学到一生受用的手艺——学徒们都辛苦地坚持着。

从前，选择职业并不像现在那么轻松。在那个时代里，如果成不了一名合格的工匠，吃饭可能都会成问题。

接受了现代教育的人，或许会觉得学徒制度和师徒关系中有许多不合理的地方。学校教育教的是汉字、历史、数学等，虽然都是“教”，但学校教育与教授一种手艺还是有很大区别。

学徒制教的不仅是技术，还有作为工匠要懂得的礼数和礼节、工作中的价值观以及待人接物的方法等，是一套“职业的生存之道”。

学校里虽然也教授知识，但关于礼数礼节、道德规范、作为工匠的荣誉与耻辱等为人处事之道就鲜有涉及了，这也就难怪习惯了学校教育的现代人难以理解学徒制度了。其实学徒制直到最近都还存在于我们身边，甚至现在也有人在用与此相仿的方法传授着技艺，但在大多数人心中，学徒制恐怕已经是一种过时的、应当被舍弃的教育方法了。

另一位师傅

无论是跟着父母兄弟学习手艺，还是去拜师当学徒，都要经历艰苦而漫长的学艺之路。还有一些人，他们并不是“师傅”或“大师”，但也在间接地、严格地培养着这些职业工匠。

向工匠们收购成品的批发商就是其中之一。工匠和批发商之间有着千丝万缕的关系。客户可以通过批发商直接雇用工匠，其中也不乏一些隶属于批发商的专职工匠。很多时候，即使工匠自己采集来天然原材料做好了成品，如果不依靠经销商，成品就无法在市场上流通。手艺人和批发商之间很难维持一个对等的关系。

这其中最关键的原因是手艺人在经济上受到批发商的

束缚。如果制作产品用的原材料由批发商提供，成品就会由他们独家收购，这样的话，手艺人就只能靠赚取人工费或加工费来维持日常生活。收购商品时的价格和原材料的价格一律都由批发商来决定，手艺人对此完全没有话语权，但他们养家糊口的饭碗都掌握在批发商手里。直到最近这些年，这个市场才逐渐开始实现自由竞争。即便如此，掌握着流通渠道的批发商依然拥有强大的势力，工匠们依然无法享有百分之百的自由度。在交易系统中也存在着各种制约。对商人来说，为了使利益最大化，总想压低手工费和材料费，同时又想要卖出好的商品。尽管手艺高超的工匠能给商品带来额外的价值，但与此相比商人们还是希望卖出去的商品越多越好。为了在店铺的销售竞争中取胜就要求压低原价，其后果就是手艺人的手工费被压榨。

秋田县角馆町的桦木细工批发商从前也会向专属的手艺人提供原材料，再统一采购他们做好的成品，但收购的时候批发商会扣除原材料的费用，有时也会事先预支一些钱给手艺人。

正因如此，批发商在收购商品时对成品的筛选也会格外严格。

批发商一方会由经理或是老板亲自进行严格检查，发现有损坏或瑕疵的就退回给手艺人。

据说批发商的老板“从小就要跟着父亲或经理，学习如何鉴别手艺人拿来的成品质量是好是坏”。

回忆起从前到批发商店里交货的情景，工匠们还会感叹：“他们对成品的检查真是异常严苛。从销售员到经理，每个人都要挨个检查我们拿去的成品。这里敲敲，那里看看，我们还不得不在旁边守着等他们看完。”

或许这样严格的标准对于手艺人来说有些太苛刻了，但在某种程度上这也鞭策了工匠们要精进手艺。这与师傅训斥徒弟的出发点不同，是从另一个角度对手艺做出的评价。

工匠们为了提高大众对自己技艺的评价，会将自己的作品拿到各种展览会或评鉴大会上，与同行比试手艺。如果能获得各种奖项，或是得到权威机构的好评，就能提升自己的价值。为了要拿去评奖，工匠们一定会用优质的原材料，这些原材料有时就取自平时工作中用到的材料，有时也会另行购买。

除了批发商之外，还有作为使用者的消费者、在工匠背后支持着他们的人，这些人的评价也会对工匠们的成长起到帮助作用。正因为有他们严格而挑剔的眼光，才能培育优秀的手艺人。

我采访的木匠和锯木工人也提到：

“以前那些对建筑充满热情的人现在都不在了。那些可都是见识过好东西，眼光很高的人。有他们在，工匠们就不敢有半点松懈，而做得好的地方他们也会懂得欣赏。如果明明是自己粗制滥造做出来的蹩脚的东西也被人由衷称赞，工匠们干起活来就会漫不经心。如果有懂行的人在，他们的眼光对我们也是一种鞭策，帮助我们成长。”

愿意花钱又对手艺有要求的人，就是工匠们的另一位师傅。

第四章　手的记忆

尝试新的学徒制

通过学徒制来传承手艺的做法已经成为过去式了。或许在大多数人眼中，学徒制早已是陈旧而过时的做法了，但也有这样一个由宫殿木匠组成的团体，在尝试实践全新形式的学徒制。

“鵤工舍”是由一群从事寺庙和神社修建工作的宫殿木匠组成的团体，他们在奈良和枥木县都设有根据地。

鵤工舍的主理人是昭和二十二年（1947 年）出生的小川三夫先生。他是曾经建造过法隆寺和药师寺的总工大木匠西冈常一先生（1908—1994）的弟子。

西冈家族世世代代都是法隆寺的宫殿木匠。从西冈常一先生的祖父西冈常吉先生那一代开始，西冈家族就一直担当着“栋梁”[1]（总工大木匠）这一职务。因此，西冈常一先生从幼年开始就以成为总工大木匠为目标，在祖父的指导下成长。手艺就是通过这样父传子承的方式在这个家族中得以传承。

小川先生的父亲是银行职员，与宫殿木匠没有任何关系。高中毕业旅行时，小川先生见到了法隆寺的五重塔，深受感动，这才立志要成为宫殿木匠。高中刚一毕业，小川先生就来到了西冈先生府上想要拜师，但西冈先生却说，小川先生已经过了当学徒的年纪，而且当时也没有大型寺院需要修建，于是便拒绝收他为徒。小川先生给我看了后来西冈先生给他写的一封信，信上说，宫殿木匠不是一门能养家糊口的手艺，希望小川先生能明白这一点。

像西冈家族这样世代从事法隆寺总工大木匠的世家，是不会承接一般百姓家的木工活儿的，没活儿干的时候就只靠种地来过活。因为宫殿木匠被视为一种高尚的职业，所以不能随便接民宅的活儿，不能为五斗米折腰。

西冈先生家住在奈良县斑鸠町的西里，工匠们三三两两居住在法隆寺的西侧。住在这里的人所从事的职业也随着时代的变迁发生着改变，只有西冈一家因为担当着总工大

1　即宫殿修建工程中的总负责人。

木匠的职务，还坚守着这份工作。每天在寺院中巡视，发现有损坏的地方就要进行修理，修理所要用到的材料也要自己准备，没什么活儿干的时候连寺里要用的锅盖也会帮着做。

因为坚持不接一般百姓家的木工活儿，所以西冈一家的日子过得也不富裕。西冈先生的两个儿子就是因为知道这种情况，才没有继承宫殿木匠的工作。

小川先生被西冈先生拒绝之后，先是去了佛龛店做学徒，学习木工工具的使用方法，后来又一边从事绘制木结构文化遗产建筑剖面图的工作，一边等待时机再去拜师。终于，积累了各式经验的小川先生得到了西冈先生的认可。昭和四十四年（1969 年），恰逢西冈先生受命重修法轮寺的三重塔，于是他便趁此机会收了小川先生做徒弟。

从此之后，小川先生便和西冈先生一家同吃同住，与师傅同进同出，度过了一段学徒时代。西冈先生的父亲西冈楢光先生也是总工大木匠，虽然工作不在一个地方，但依然住在同一个屋檐下，所以小川先生曾经有幸和两位大师共同生活。除了跟师傅去工作之外，只要一有时间，小川先生就会帮着打扫总工大木匠的储藏室，晚上就专心磨刀。

“你可能会觉得这一行师傅要教的东西很多，但事实上，师傅几乎没做过什么讲解，就算是相关工具，也从未教过我该怎么用。只有一次，师傅说‘刨花就要这么刨’，说着把刨出来的刨花拿给了我。于是，为了能刨出同样又薄又美的刨花，我更努力地磨刀，磨了刨，刨了再磨，向着这个目标靠拢。”

小川先生把师傅刨出来的刨花贴在墙上，照着这个标准不断练习。

在学徒之中至关重要的是师傅和徒弟之间的关系。无论是教的方法还是学习的方法都没有唯一的标准，有多少老师就有多少种教法，有多少学生就有多少种学法。

师徒二人每天都在一起工作，小川先生一边看师傅怎么做，一边自己试着模仿。到了学徒的第五年，即昭和四十八年（1973 年），西冈先生因为要主持药师寺金堂的重建工程分身乏术，于是便将法轮寺的工作托付给了小川先生。到了昭和五十二年（1977 年），小川先生一边在西冈先生麾下工作，一边自己也收了徒弟，同年 5 月就另起炉灶，创建了鵤工舍。

这样算起来，小川先生学徒第五年就担当起了代理总工大木匠，第九年就自立门户了。

小川先生至此为止的经历与一般人拜师学艺的过程并无二致，但小川先生培育徒弟的方法却与自己在西冈先生门下学艺时所经历的学徒制不同。到了平成十三年(2001 年)

鵤工舍已经有二十六名弟子了，其中有当年春季刚入舍的，也有入行已经超过十年的，总之处于修行各个阶段的学徒都有。

这些学徒分散居住在几处宿舍内。作为鵤工舍总部的奈良有一处，另外在枥木县还有两处。如果有新的工地要开工，那就在工地附近建造新的宿舍。

学徒们在宿舍里同吃同住，也一同在工地上边做边学。师傅会根据接到的工作，抽调不同的学徒一起工作。

而被学徒们称作“师傅”的总工大木匠小川三夫先生会在现场进行巡视，查看工程的进展，提供建议，并做好必要的安排工作。

徒弟们都以成为宫殿木匠为目标，有许多人都是因为仰慕西冈常一先生和小川三夫先生的大名前来拜师的。他们之中有木匠的后代，也有很多是来自各行各业家庭中的小孩。

小川先生将自己从西冈先生那里学来的方法教授给徒弟们。但因为学徒众多，每个人都处在不同的学习阶段，所以真正的师傅并不仅限于小川先生一人，师兄们也要在各种场景下担当起师傅的角色。

有意进入鵤工舍的人数量众多，这几年，每年都会有大约三百人发来履历或是直接上门求学。当问到求学的初衷时，大家都会说，想成为宫殿木匠是因为“自己也想建造出像法隆寺五重塔那样美丽的建筑”。

大家都知道鵤工舍依旧尊崇学徒制，因此小川先生也不可能把所有求学者都收至门下。小川先生会根据来者的初衷、家庭情况、面对面接触下来的印象等进行权衡，一年只接收大约两名学徒。鵤工舍招收的学徒中有女学员，也有失聪的学员；有初中刚毕业就入门的学员，也有研究生毕业才加入的学员；还有在外面学完了五年木匠，重新来拜师的学员。

从入门之日起，小川先生就会向学员们说明宫殿木匠的学艺历程最少也必须坚持十年。必须要踏踏实实让身体对手艺产生记忆，绝不能操之过急，对做宫殿木匠这件事做好十足的心理准备。想要在面对重大工程时做到不畏困难，胸有成竹，那少说也得磨炼十年的时间。然而，大多数人对于十年有多长是没有切实概念的。

虽然一开始大家都会说有心理准备了，但毕竟是十年，半路发现自己并不适合做木匠的大有人在，也有人会开始艳羡别的职业。

进了鵤工舍的学徒不论年龄，都按入门的先后论资排辈。最晚入门的新人就要负责大家的一日三餐。大家入门时都要从扫地做饭的活儿开始干起。就算是在家里从来没做过饭的年轻人也要硬着头皮给前辈们准备早饭、中午的便当，还有大家的晚饭。

小川先生对于让新人负责做饭这件事是这样解释的："从做饭就能看出这个孩子今后的发展前途。"当然新人的工作不仅限于负责做饭，还要和前辈们一起去工地，帮着搬搬抬抬，负责现场的清洁打扫，和大家一起回到宿舍之后，还要准备晚饭，第二天一早当然还要早起。对于刚刚从学校毕业的学生来说，光是这样早起晚睡就已经很辛苦了。做饭用的食材也要自己事先采购好，还要考虑到每天的便当不能总是重复同样的菜式。

作为一个什么木工活儿都不会干还拿着薪水的新人，唯一有价值的贡献或许就是能端出一份让大家高兴的饭餐或便当了。除了做饭，还要做好每个月伙食费的预算，分配好哪些钱该拿来买什么。光是食物好吃但支出很高可不行，一定要做到又实惠又叫大家开心，菜式的花样又多，营养又丰富才行。负责伙食的人一定要思路清晰，把准备工作做完备，掌握事半功倍的诀窍。

新人在工地要负责打扫和搬运材料。木匠们在工作的时候如果现场杂乱无章就会影响工作的效率，也会增加危险性，所以现场一定要保持整洁有序。打扫工作通常就由还没资格拿着工具干木工活儿的新人来负责。

小川先生说：“从一个人如何做清洁打扫，就能看出这个人的性格。”徒弟们成长的环境各不相同，所以每个人的性格也不一样。作为他们的师傅，要稍微了解一下各个徒弟的秉性，才好因材施教。

如果由着师傅的性子，徒弟们恐怕十年也毕不了业。而当徒弟的就算说得再好听，也未必能熬到十年。但不管一开始说多少漂亮话，或是想要滥竽充数，只要时间一长，人都会乖乖听话。如果一直都还做不到全身心投入，在现场是学不到东西的。

小川先生虽然认为“学手艺只能靠学徒制”，但他觉得“这很大程度上也取决于师傅为人的品性”。如果遇到了好的师傅，就会催生出好的结果；但如果遇人不淑又投入了毕生精力，那可能就会变成一场悲剧。

学徒制的教学方法和学校里的教学方法是不一样的。学徒制不会像学校那样，每个学年结束之后，全体学生都升上一级，乃至学习结束一起毕业。学徒们必须学会本领，确保自己掌握这门手艺，这样才能在自立门户之后靠这门手艺来维持生计，养活家里人。在学徒制的世界里，师傅不会直接靠言语来教授知识和技术，师傅也不会手把手地教徒弟刨刀该怎么用，更不会握着徒弟的手告诉他该如何调整用力轻重。因为说了也没有用，最终还是得靠学徒们自己花时间不停地反复练习，身体才能对动作和力度产生记忆，这样才算把本领学到手。

虽然师傅不开口教，但徒弟反而更记得住。因为师傅给徒弟提供了范本，工作现场又给徒弟提供了操练的机会。小川先生会将学徒需要学习的工作分配给他们。由小川先生绘制图纸，现场的工作就交给年轻人们去干。

正如当初西冈先生是因为有了法轮寺的工作，才愿意收小川先生为徒，宫殿木匠这个活儿就是先得有工地，才能有机会学习。

如今，日本有了法定的最低工资。所以即使是学徒制，也不能把学徒当作免费劳动力来使唤。鵤工舍也是一样，从入舍的第一天起就有薪水可以拿，刚入门的学徒一天能拿到 5 000 日元左右。明明是学手艺的地方，就算是去学校学习也要交学费，但如今的社会却反过来要让施教的一方付钱，而这些钱其实也是前辈工匠们靠工作赚来的辛苦钱。

最低工资法的初衷是为了保护那些工作技能尚未成熟的劳动者，让他们能在社会上拥有平等的权利，防止有人以缺乏经验为理由获取廉价劳动力。在从前的学徒制度下，徒弟们住在师傅家里，以家务劳动或单纯的体力劳动来代替学费，与此同时从师傅那儿学习手艺。不过那时也常有听闻徒弟的劳动力被滥用的情况。对于这些情况，最低工资法当然能起到很大的规范作用。但从另一个方面来看，拿了薪水之后，当学徒的就容易忘记自己原本是为了学习手艺而来的。久而久之，会感觉自己是来打工的，而如果是打工，那自然会有其他更省力、更能赚钱的工作可以选择。

那些忘记了要来学习手艺的学徒们，最终都会为了追求更多属于自己的自由时间而选择离去。

小川先生要求徒弟完成的唯一的任务，就是每天一有时间就打磨工具。小川先生在西冈先生门下做学徒的时候，看书、读报、听收音机等都是不被允许的。有时间就磨刀、磨工具，还有就是不断练习刨花，直到能像师傅一样刨出又薄又美的刨花。

鵤工舍的徒弟们在入门的第一天就会得到一套工具，包括锯子、直角尺、三把凿子、两把刨刀、卷尺、两块磨刀石、起钉器、锤子等，这与秋田县的木匠铃木先生拜师学艺时拿到的工具几乎一模一样。三把凿子的宽度分别是一寸、八分、五分。一寸是木榫的标准宽度，八分是楔钉孔的宽度，五分就是一寸的一半。徒弟们在还未明白凿子的奥妙，不了解直角尺的用法，不知道锤子两头分别有什么作用的时候，就要先经历一段磨刀的日子。

在鵤工舍，虽然不会禁止大家听广播、看电视或读书，但学徒们吃过晚饭之后也要守在磨刀台边，对刀具进行研磨。

磨刀可不是什么轻巧的工作。

不要以为简简单单就能磨出又平又直的刀刃。要让刀刃紧贴着磨刀石，不慌不忙地来回往复都不是很容易就能做到的。常常不是往右弯就是往左弯了，于是刃线就会变得歪歪扭扭的。发生了类似情况之后，就会意识到是自己在动作和用力上的习惯问题，于是就想要加以修正，结果却往往事与愿违。本来向右弯的，想要加以修正，却反而让弯度变得更大了。

经历了这个过程学徒们才会意识到，并不是脑子里明白了，手上就能做得到。

刀磨得好不好也取决于自己的手艺有多好。对于没什么技术的门外汉或初学者来说，刃线歪没歪，刀刃锋不锋利，其实他们是感觉不出来的。等到自己的手艺变好了，就知道如果磨得不好刀具有多不好使了。同时，在反复练习磨刀的过程中，也会不断地意识到要磨出一个完美的刃面是一件多么困难的事。连看似简单的磨刀做起来都这么难，要掌握别的技术会有多辛苦也就可想而知了。经历了磨刀的考验，徒弟们就会意识到，抱着侥幸的心理不付出努力是不可能实现理想的。

工具如果研磨得不好，工作起来效率就不会高，也削不出漂亮的截面。宫殿木匠在工作中要组装多层的横梁和部件，小小的偏差重叠在一起，就会逐渐演变成大问题。然而建筑物在组装完成之后是没法进行修正的，就算是哪里有问题，或是变形了，造好的建筑物也没法因此拆了再建，建了再拆。

如果团队中的个人不能认真负责地完成自己分配到的工作，那这个团队就不可能建造出能耸立数百年的建筑。徒弟们要意识到，即使是打磨工具这样的工作同样有其重要性。如果觉得马马虎虎差不多就行了，那技艺就不会有进步。

然而，如果工具磨得非常锋利，有时也会变得很脆。为此，一些木匠中的老师傅会想办法磨出锋利而又耐用的刀锋，在保证锋利程度的同时也确保刀刃的部分不会太脆。

不过这所谓完美的研磨技术只有靠多年的实践摸索才有机会达成，就算是学艺十年的学徒也依然会觉得自己磨出来的刀刃还差得远呢。磨刀虽然没什么深奥之处，但也能折射出每个人的本性。

虽然小川先生作为师傅要求大家“尽可能有机会就去磨刀”，但徒弟们有自由决定是否要付诸行动。他们可以放着不干出去玩，也可以选择去做别的事。前辈和师傅对此不会有半句责备，因为各人的人生都得由他自己来决定。

但实际上，如果看着大家一天到晚都在专心致志地磨刀，又有谁敢有半点懈怠呢？这里不像学校，没有考试来决定你能否升上高年级。

意识到学艺是为自己而学的那些人会率先磨起刀来。与志向一致的人同步起居也能对彼此起到促进作用。

要从师傅手里学到手艺，首先要摒弃自己想当然的思维。一定要模仿师傅的做法，一板一眼地进行复制。当徒弟意识到除此之外没有任何捷径的时候，才算是站在了学艺的起跑点上。不管通过思考或语言对技艺有多少研究，在靠肢体来感受和记住这门手艺之前，都不算是真正的入门。

“学徒们在来到鵤工舍之前就有十几年的人生经验了，之前的各种生活和学习经历造就了他们现在的样子。每个人都知道自己希望在哪些方面得到表扬、认可和青睐。大家从小就被人教会如何识字、讲话、做算术，而这些学习习惯在学艺过程中大多都是不利因素。所以说，大家入门的时候并不是零起点，而是从负分的位置开始的。并不能马上进入一心一意乖乖模仿师傅工作的状态。”

为了让徒弟们站到真正的起点上，小川先生有时会出言训斥。训斥的目的是为了让学徒们明白，急于求成、寻找捷径、纸上谈兵的学习方法都是没有用的。一定要让这样的理念植根在徒弟们的心里。

作为学徒当然想要早点学会本领，早点练成精湛的手艺，但想得太多有时反而无法全心投入，到头来欲速不达，只能让自己更烦恼。如果不是抱着开放的心态、放下身段，是无法在师傅门下坚持学艺十年的。只有坦然地全身心投入，舍得花时间，才能慢慢摸索适合自己的方法，按照自己的进度把技术学到手。要让自己在思想和身体上都成为一名合格的木匠。和同伴在一起生活的过程也是学徒修行的一部分。

当学徒的时候早上要早起，要负责做饭，重活累活都要干，夜深了还要打磨刀具。宿舍里也没有单间，大家都住在一起，睡的是大通铺。属于个人的空间不过是自己的被窝和一丁点摆放个人物品的地方而已。

在这样的生活中，从早上起床到晚上入睡，每天考虑的都是与木匠工作有关的事。许多中途放弃的学徒都是因为受不了没有自由，除此之外也有人因为体力上受不了开始一段时间的辛苦，觉得自己熬不过去，就放弃了。

要成为一名木匠不仅需要技术，体力和想法也同样重要。如果想要在十年中成为一个彻头彻尾的木匠，那就根本不会有空去想其他的事了。

这就是小川先生的想法。

小川先生回想当年在西冈先生门下当学徒的日子，说他自己就是这样一门心思地成长为一名宫殿木匠的。

鵤工舍的徒弟被分为四个职位等级。之前西冈常一先生还是总工大木匠的时候由他出任“舍长”，小川三夫先生任“大工头”。但西冈先生过世之后就由小川先生继任舍长，舍长之下的职位等级依次是“大工”“引头”“长”“连”，刚入门的学徒等级就是“连”。“大工”就已经是能独当一面的宫殿木匠了，能胜任代理总工大木匠的工作。

鵤工舍里并没有谁说了算，就算师兄对师弟也不能直呼其名，也不能指使师弟为自己干私活儿，更别提什么拳打脚踢了。

十年的学艺生活是一段漫长的时间，如果全身心地投入到工作中，就会发现使用暴力或是欺负后辈根本不会对学艺产生任何帮助。那些出于虚荣心而努力修饰出来的外在形象，在每天和同伴们的朝夕相处中很快就会现出原形，因为伪装的人自己也会感到很辛苦。

每个徒弟学习技艺和制作工具的进度都不一样，总会有快慢之分。大家都有擅长的和不擅长的工作，如果不体谅别人就没办法在一起工作了。

小川先生经常说：“我们这里的孩子都是很和善的。”虽然大家都有自私的一面，但如果什么都由着自己的性子，是没办法和大家一起度过十年的。渐渐地大家都会变得温顺。虽然学习和工作中会有竞争，但大家慢慢都会意识到真正的对手不是别人，而是自己。

在鵤工舍，大家都尽量不使用机械工具。即使是要移动体积较大的部件，大多也是靠人力来搬搬抬抬。身材高大的人、有力气的人就会自动承担这些工作。工作中怕吃苦怕出力是不行的，大家自然而然地就会在量力而行的前提下全力以赴，因为大家不是单纯为了赚钱而到这里来劳动的，如果单从金钱方面考虑，那还不如出去打工。学徒们心里很清楚，他们来这里的目的是为了学到让自己终身受益的手艺。

学徒们之间的关系虽然好，但并不存在拉帮结派的情况。小川先生常常会对学徒们说："不要呼朋唤友（不务正业）。"因为大家不是来玩的，也不是为了赚钱来打工的，而是来拜师学艺的。如果大家关系太亲近了，就容易疏忽了学习。徒弟一多就怕出现这种情况。

众多学徒都处在不同的学习阶段，也会有好几个工地，所以对学徒们来说，可以看可以学的东西有很多，有许多机会可以观察前辈们的工作。哪天自己有机会干这些活儿了，学徒们就会琢磨，是应该这样做吗？为什么那样做就不行呢？大家都是在这样的自问自答中学会手艺的。

入舍满一年之后，师傅就会吩咐学徒试试用凿子。而前辈们也会时不时问学徒，要不要试试用刨刀，于是学徒便有了更多接触工作的机会。

不过要是遇到了不懂的地方，就算问也是没有用的。只能靠学徒自己动脑筋，仔细观察，不断尝试，别无他法。至于手上的活儿做到什么程度算是好呢，也只能靠挨几次骂，被提醒指正过就能记住了。

工具的使用也有讲究。在使用电动工具之前，一定要先学会用手工工具根据树木的性质来处理木材，不然如果直接依赖电动工具，就无法理解如何处理木料才是最好的。发挥木材的特质也是木匠的工作之一。但要做到这一点就必须要接触大量的部件，知道各个部件在自己建造的建筑物中会发生什么样的变化。难怪无论哪门手艺的工匠都会说，其实每天都还在学习，这是要持续一辈子的修行。

日复一日，学徒们不是在研磨工具就是在工地工作。鵤工舍采取的是日薪制,所以有工作的日子就要提交“出勤”报告，这既是一份当日小结，日后也方便学徒们回顾自己工作的履历。如果刚好有大型建筑项目，一个人很可能持续几天甚至几个月都在负责某一个部件的工作，众多部件名称、安装位置、部件形状、组装方法以及安装时要施加多少力度，这些都只能在日积月累中一点点去记住。

随着学习的深入，终有一天，前辈或师傅会提出让学徒试试削梁削柱。在那时学徒或许会觉得这是一项自己不可能胜任的大工作，因为稍有闪失就会造成不可想象的损失，但既然被委以重任了，为了不让前辈和师傅失望也要燃起斗志接受挑战。

工作中所需的胆量就是这样锻炼出来的。这就像木匠铃木先生在学艺的第三年起负责画墨线，第五年就负责整栋民居的建造一样。

师傅在自己承担责任的同时，将机会给到学徒，让他们在学艺途中能获得飞跃。

这既是对技术的磨炼，也是学徒得到提高的机会，事实上还是对人生的历练。

大野工树先生（1967 年生）是在鵤工舍学习了十三年之后自立门户的一位工匠。在他学艺的第十年拿到了一尊二宫金次郎[1]铜像作为合格毕业的标志。只要是从鵤工舍毕业的学徒，小川先生都会送给他一尊二宫金次郎的铜像。

大野先生也经历了许多试炼，25 岁左右起就开始负责重要的工作。那是一项耗时四年的大项目，也是他第一次负责建造大型建筑。第一次就要作为代理总工木匠负起所有的责任，还要安排用人，做起来肯定会遇到各种问题，遇

1　被称作日本的学习之神，是勤勉苦读的象征。

到问题就先要自己努力想办法，有了办法才能拿去问师傅的意见。师傅或许只会给出一个轻描淡写的回答，但仔细把师傅的答案琢磨透了才能慢慢有进步。所有前辈都经历过这样的过程，谁也不是单靠谁教出来的，只能靠自己去解决问题。

大野先生说，许多工作他都是在给前辈们打下手的过程中学会的，心想着要成为独当一面的工匠，在尝试去做的过程中找到对的方法，不断取得进步。

师傅会将一些年轻的师弟托付给师兄们，师兄们要负责给师弟分配岗位，委派任务并培养他们。师兄们还要负责制定好工作计划，画好墨线，还要指导每个人的工作。而师弟也能借此学习到工作是要大家分担着共同完成的。

在鵤工舍开创的全新的学徒制度中，师徒二人并不是一对一的关系，学徒要和很多前辈一起工作，在真正的工地现场学习。但和从前的学徒制一样，学徒也要投入大量的时间，和大家同吃同住，在一起生活的同时全身心地投入学习，让自己在思想和体格上都成为合格的宫殿木匠。

通过学徒的形式学习木匠活儿和在学校上课是不一样的。虽然每天能完成的工作不多，但也是在实际建造建筑物的过程中学习木匠工艺。在学习中没有任何抽象的理论。自己加工好的部件和旁边其他人加工好的部件会共同构成建筑物的一部分，所以绝不能偷工减料，也不容许出半点差错。分配给自己的工作就一定要做好，在完成好一项项任务的同时，自己也就把技术学到手了。

大野先生说：“突然有一天你就会发现你已经能建造出一个巨大的建筑物了，这在一开始是想也不敢想的。”

师傅总是会担起责任，让徒弟放手去做，因为他们知道人在被委以重任的时候更容易取得重大的进步。小川先生在学艺的第五年就受命建造法轮寺的三重塔，最终也大功告成了。师傅就是要给徒弟创造学习的机会，让他们的技术有所长进，让他们的内心变得更强大，遇到再难的工作也不退缩，到了适当的时候就要放手让他们独立。

宫殿木匠建造一个大型的建筑物可能要花上好几年。如果是建民宅，一年或许能接好几栋的活儿，造佛塔则不然，更需要慢工出细活。

宫殿木匠和建民宅的木匠，两者的工作内容其实并没有什么实质上的区别，都要将木材削制成各种部件，再进行组装。只不过与普通人居住的房屋相比，神明或菩萨住的地方所用到的部件要大得多。

大野先生从鵤工舍离开之后也在为这一行摸索新的出路。像他这样已经掌握了技术的工匠，也要借不同的机会试试自己的手艺，在新的天地中继续磨炼自己。

小川先生把从西冈先生那里学到的技艺和传承下来的思想全部都传授给了大野先生。大野先生在鵤工舍生活的十三年间既是学徒，也担当过教育者的角色，把大野先生当作老师一样仰慕的学徒也大有人在。

在一个学徒制度中又形成了新的学徒关系。

小川先生之所以会下定决心培养一班徒弟，是因为他深知单靠一个人的力量没法完成宫殿木匠的工作。硕大的柱子总得要两个人来抬，还得有一个人准备好柱础，这就至少需要三个人了。一个工匠再优秀也无法靠一己之力建成整个建筑。

如果整个团队都是手艺高强的大师也不行，想要按照自己的想法展示技艺的工匠聚到一起的话，是很难让他们统一意见的。一定要加入几个学徒或技艺尚不成熟、还在学习阶段的工匠，才能营造出一个能让人轻松工作的环境。

对于学徒们来说，工地现场任何时候都可以成为学习的地方。就算他们只是站在那儿，现场每个人都在一丝不苟认真工作的氛围，已然是他们所要学习的东西了。

鵤工舍的学徒制度其实也创造出了这样的氛围，但这也要仰仗师傅出色的技艺和成就，在承接工作之后有勇气交给徒弟们放手去干。当然也少不了能信赖鵤工舍，愿意将工作交给他们的雇主。

手艺就是要一边做一边才能学会。现在所谓的实践教育只是保留了学徒制的基本概念，真正实战操练的机会却很少。而鵤工舍是宫殿大木匠小川三夫先生创造的一个特例。

重新思考学徒制

在日本国内，制作各类日用品和工具的工匠似乎正在消失，也有很多职业已经完全消亡了。这些工匠几乎都是通过学徒制培养出来的，但培育工匠的这种学徒制度本身其实已经消失很久了。

学徒制度的消失背后有着各种原因。培训班和各种职业学校的出现使得传授技艺有了新的方式；义务教育制度束缚了许多适龄学艺的年轻人；征兵制度可能会让正在学艺的学徒中途退出；教育从业者们让大家误以为上学念书就能学到手艺和技能；社会不再给那些十年修行学到手艺的人施展拳脚的机会；大众的观念里已经不再讲究要靠踏踏实实地工作来安身立命；肤浅的思潮轻视体力劳动；大家都抛弃了又好用又美观的手工制品，转而选购量产的便宜货，这个国家真是在与消费常识背道而驰……

像这样的原因不胜枚举，所以我希望能有机会重新审视一下培养工匠的学徒制度，思考这种制度的实质，研究师傅是如何把手艺教给徒弟们的。

徒弟们住进师傅家里，和师傅在同一个工地工作，晚上也同吃同住，不间断地积累和学习，期盼早日成为能独当一面、以手艺为营生的工匠。

肯定会有人想，如果去职业学校的话，不用住在那儿，只是每天去上学也能学到技术。而且学徒制的学习中师傅也不做任何说明，只能靠徒弟自己通过观察学习技术，还要被指使做与学艺无关的工作，要在看孩子、打扫卫生、买菜做饭、搬搬抬抬这种跑腿的差事上浪费好几年，一定会有人认为这些都是不合理的。

然而世世代代的学徒们一开始也都会疑惑：应该会有更容易理解的方式，如果通过语言来进行说明，就可以不用花那么长时间才能学会一门手艺吧。到头来发现唯有经历了千辛万苦才能把技术学到手。

这样的话，我在学徒制出身的工匠们那里听到过很多次了。师傅从来都不会教什么，徒弟倒是常常挨骂，有时还要挨拳头。

这样的教学方法果然是落伍的、不合理的吗？

这里我想引用一段摘自 2000 年 1 月 21 日星期日的《朝日新闻》晚刊上的文章。

这篇报道的标题叫作“学‘技术’靠小脑”，文章介绍了科学家利用核磁共振技术，拍摄并研究了人在学习骑自行车、演奏乐器等要用到肢体记忆的技术时，是用脑内的哪个部分来进行记忆的。在此之前，人们都以为学习技术靠的是大脑的记忆，而这篇文章揭示了学习手艺靠的其实是小脑的记忆。

“小脑在一开始会收到大量的报错信号，这些报错信号虽然对应不同的场景，但小脑很快就会记住在某个特定场景下‘正确’的做法是什么。”所以很快，“即使在无意识的情况下，人们也能操作得很好，这就是因为小脑在指挥身体工作。”在此之前，人们大多认为“小脑只能帮助修正动作上的误差，对技术的记忆还是要靠大脑的思考能力”，“小脑只是帮助身体保持平衡、指挥协调肌肉、与运动息息相关”的一个器官。

而《朝日新闻》上的那篇文章用半个版面揭示了全新的发现。虽然没有一一列出具体负责记忆的部位、实验的具体方法或是脑内的详细构造，但报道认为已经有科学的研究证明，与手艺相关的记忆并不是和有关语言和形状的记忆储存在同一个地方。

所以人们没有办法像记住一句话那样学会一门手艺，工匠们唯有通过长时间的经验积累才能对手艺形成记忆，而这也就是为什么手艺没法通过语言来传授，只有自己试着做才能让身体记住。

要让身体记住一门手艺就只能靠不断地重复操作，所以才会采用像学徒制这样看似疯狂的、耗费大量时间的制度。

工匠们并不会意识到自己是在用小脑去对手艺产生记忆，他们只是觉得自己“在用自己的双手记住手艺”，或是“把技术融入自己的身体里”。工作时手上的感觉是怎么样的，如何才能让动作更连贯，工具要打磨到什么程度才好，成品要达到什么标准才算好，这些都很难用言语来表达。

一些当过师傅、带过徒弟的工匠们都常会说“教比学更难”，因为想要教也无法用言语来表达，什么事该怎么做，如果能用语言来表达那就简单多了。例如对木匠说“把这块木板削到平平整整的就好了”，对做竹编的学徒就说“把竹子加工成又细又美的竹篾就行了”，但对于还没有手艺的人来说，多平整算是平整，优美的竹篾又是一个什么概念，他们都还不了解。

工匠们的手艺和机械操作不同，手艺和手艺人是无法分割的。手艺是属于手艺人的。

如果只描述过程，那我们可以将工匠们的工作简化成一系列的工艺流程。而他们所使用的工具，与现在工厂中的精密仪器相比，那真是简单到不能再简单的东西了。

木匠们用的刨刀、锯子、凿子几乎从来没发生过什么改变，竹编匠人的工具也是一成不变地只有一把篾刀。做鱼钩的工匠现在使用的工具，也与三四个世代之前，在江户或明治时代的工匠所用的工具并无二致。用薄木片修葺屋顶的工匠虽然会对自己的工具进行微调来让工具更顺手，但也向来都是跟铁匠铺定制同一款工具。

要凭这些简单的工具做出各种物件，就得靠使用工具的人训练有素。学手艺靠的就是不断训练自己的身体，学艺的过程就是在打造一个合格的身体。

但在锻炼身体的过程中也不能完全不动脑筋。

为什么师傅就能做得好，自己为什么做不好，要在不断试错中找到正确的方法，而这个过程并不简单，因为并不存在捷径。这个过程必须持续到身体将技艺完全内化为止。人总是会有各种各样的想法，但仅凭匠心与反思是无法让身体动起来的。当师傅的首要任务就是让学徒们意识到这一点。

高村光云先生（1852—1934，雕刻家兼诗人高村光太郎之父）留下的著作《幕末维新怀古谈》（岩波文库出版）当中，就记载了自己在木雕匠人门下拜师学艺的经历。

成为学徒或幼徒都有所谓的最佳年龄段。11 岁就可以开始在师傅身边侍奉师傅了，12 岁的孩子就能把侍奉师傅的工作做得很好了，但 13、14 岁的孩子就很难被差遣着做事了。如果到了 14 岁还没有送去师傅那儿，而是在家游手好闲，就会被人家说闲话："让孩子这样下去穷一辈子也不稀奇，当爹妈的真是太不负责任了。"

当时的学徒都要在师傅跟前侍奉师傅十年，再加上满师之后还要在师傅手下工作一年，才能成为独当一面的手艺人。学成之后无论是继续在师傅手下工作，还是另寻出路，总之作为一名独立的工匠就能拿到相应的报酬了。而那时差不多是 22、23 岁，刚好是真正成为一个成年人的时期。真正步入成年就是从挣钱养活自己开始的。

如果在侍奉师傅的时候不努力工作，就会变成一事无成的人，被乡里乡亲看作一文不值的小混混。

在拜师学艺的时候，要想做到乖乖地听师傅的话，师傅做什么就跟着做，像海绵一样吸收所学，那还是对世间一切不要有太多了解比较好，这无论在过去还是现在都是不变的真理。

我采访过一位 19 岁才成为学徒的木匠，以下就是有关他的故事。

"人果然年纪稍微大一点就不愿意乖乖听话了。能挑出师傅的毛病了，就会对师傅出言不逊。到头来吃亏的还是自己，当然师傅也会很辛苦。"

人长大了就有自我意识了，遭到训斥就会感觉自己的为人遭到了否定，就此产生排斥心理的话就更没法乖乖地把手艺学会了。如果已经开始认识社会了，那也会给学艺造成困难，会用不满的眼光来看待自己所处的这个学徒的位置。即使知道自己还没够格，但欲望和不满的暗涌已经在心中翻腾了。与其要额外花力气去抑制这些想法，倒不如在能乖乖听话的年纪就去侍奉师傅。

如果羡慕别人的生活，在意别的工作赚钱多，想要玩乐享受，就一定会变得急于求成。虽然大家都想要早点学会手艺，但如果抱着“平时逃课不要紧，只要能赶上考试就行”的心态，是无法成为一名手工艺匠人的。

学艺是为了让自己学到一种谋生的手段，不能成为一名自食其力的工匠就等于没修完这条学艺之路。

师傅对手比较巧的徒弟会多加留意。天生手巧的人比较容易领悟手艺的要领，但往往不愿意勤学苦练，不会练到手上起泡出血。但下没下过苦功，终究是会在工作中见分晓的。

近些年来人们对于职业的意识日益淡薄，但在我的认知中，一个人一辈子一定得有一项事业。

所以大家才会去学手艺，去学习经商，去种地，去学习捕鱼，虽然人与人各不相同，但为了生存都要有一份职业。

不从事正经职业的人就是小混混，终将一事无成。

随着时代的改变，人们大都开始从事各类服务业，以一技之长作为终身职业的意识却越来越淡薄，人们逐渐不再认为事业就是人生的全部。而在过去，自己将如何生活都取决于职业的选择，学到手艺的同时也就确定了自己今后的生存方式，那就是曾经属于工匠们的时代。

如果想要以某项职业为生，就要在最合适的年龄段里投身这项事业，最好是在身体和头脑都很年轻，却还未踏入成长期的时候。

而现在的人们，年少时都被关在学校里念书了，就这样错过了让双手和身体学习手艺的最佳年龄。一旦长大定型之后，就很难再把自己塑造成适合其他（手工艺）职业的状态了，只有在年轻的时候才能通过锻炼和积累，把自己的身体打造成适合某项工作的样子。要让技艺渗透进自己的身体，身体适应了工作，干起活儿来就不会徒劳费力，身体也不会感到疲惫。但如果一个人过了成长发育期才开始进行职业学习，那首要的不利条件就是先要把自己的身体改造成适应这个职业的状态。往往脑子已经理解了，身体却还没跟不上，这样一来就免不了焦躁不安，容易与人产生冲突。焦虑会让人更在意周围的事，这样就更无法专心学习了。

宫殿木匠小川三夫先生第一次去西冈常一先生府上求学拜师的时候已经高中毕业了。当时西冈先生以各种原因拒绝了小川先生，一是当时手上没有工程要做，二是宫殿木匠这一行也吃不饱饭，再有就是小川先生已经过了当学徒的最佳年龄了。

就算是要挨骂，也有所谓的“最佳年龄”。过了这个年龄段，被大人训斥的时候就不能乖乖接受了，会自然而然地触发自我防御机制或是自尊心。虽然能不能顺从地接受训斥也和性格有关，但年龄越小自然越不容易对训斥产生排斥。

至于要如何运用技术、利用原材料，做出各类不同的成品，做师傅的也无法用语言一一做出详细的说明，师傅只能做示范，再和徒弟们做的进行比较，让徒弟们记住自己的差距在哪里。因为语言无法介入教学的过程，这不免让人感到困扰，焦躁起来，复杂的情绪就容易化成怒气。虽然师傅的这种怒气乍看之下有些不讲理，但如果学徒固执己见，就无法全身心地投入到学习中。总而言之，学徒们除了赌上时间把师傅的技术完全学到手之外没有其他选择。为此，学徒们必须不断地重复练习，直到得到认可。手上的触感、使用工具的手感、成品的质量好坏，都只能靠身体去记忆。就算失败了也要不断进行尝试，摸索成功的方法，如果认识到这一点，就会指挥自己的双手、肩膀、腰杆、指尖，努力发挥身体的记忆，将手艺融入自己的身体里。

自满等于末路

学徒和师傅生活在一起，以住宿制的方式进行学习，这也是为了让学徒身、心、灵各个层面沉浸到职业的学习中，让他们知道职业生活是什么样的。

桶匠有桶匠的生活，宫殿木匠有宫殿木匠的生活，编竹篓的有编竹篓的生活，铺屋顶的有铺屋顶的生活，锯木头的有锯木头的生活。

工匠们没法像公司员工一样生活，公司员工只在上班的时候开始营业，下班以后就脱离员工的身份了。而手艺人呢，就以竹编艺人来说，无论何时他们都是编竹篓的人，没有上下班的概念。

对于工匠们来说，他们的工作就是生存的方式，换言之，他们无法将生活与职业剥离开来。而且这不仅仅关系到工匠自己，他们的工作也决定了他们的妻子、孩子和父母的生活。

光有技术也是不行的。从获取原材料，到制作成品，再到将商品销售给批发商，或是自己去推销售卖，样样事都要亲力亲为。工匠们并不能独自靠手艺存活下去，行业间的同盟、师傅、师兄、师弟、熟客……工匠们要和各种各样的人打交道，如果这些关系处理不好，在这一行也会干不下去。

我们在前文提到过，木片屋顶匠人云雀佐太雄先生非常讲究同行之间的礼节。

昭和二十二年出生的小川三夫先生在如愿成为学徒之后，一边跟西冈先生一起吃饭，一边还要学习汤、饭、菜的用餐顺序等日常菜桌上的礼仪。

如果把某一行干成了代代相传的家业，那家里的孩子从小看着父母、兄长、祖父母的样子，不知不觉中就耳濡目染了。

每天的言行、鞠躬的姿势、语言谈吐、如何与工作中遇到的同行交谈、如何与批发商交谈、以何种姿态对待熟客、工作时工具会以什么样的节奏发出什么样的声音……这些生活中的点点滴滴都是在不知不觉中习惯起来的。这种养成只能靠细水长流，如果每每都要刻意地去判断该怎么做，就无法在待人接物时做到自然流畅。

而那些并非出自世家的学徒们也必须在拜师之后补上生活这一课，所以他们才必须在工作之余与师傅同吃同住、同起同卧地生活在一起。

朝夕相处，逐渐就能感知师傅在想什么，要做什么，在这过程中不用通过语言也能建立沟通。

不通过言语说明也能学会一门手艺，靠的就是完全复制师傅的做法。

经过十年学习之后，不管是走路的样子还是工作时的姿态都会变得跟师傅很像。同时也积累了对各种事情的认识，了解了师傅的工作、师兄们的工作、其他工匠的工作，能理解主顾们的批评、批发商的牢骚，知道自己做出来的东西自己该如何判断好坏。

如果只有半吊子的水平就满足了，那最终也只能成为半吊子的工匠。每个手艺人都会说，十年远远不足以成就一个工匠。

“都说满足就等于末路，不是吗？”

干得越久就越容易遇到问题，从而发现自己尚不成熟的地方。作为一名工匠当然要磨炼自己的手艺，同时也要不断完善自己的为人。所以说，徒弟们在师傅身边和师傅一起生活，虽说是为了职业上的学习，但实际上要学的不止技术，更要学习作为一名工匠的生活方式，以及作为一个社会人的方方面面。也就是说学艺还包括要在师傅那儿学习职业操守。

直到能做出好的作品了，手艺稍微有所提高了，能做出耐用的成品了，工艺上就有自己的风格了。虽然大家做的东西看上去可能都差不多，但无论是材料还是做法，还有制作者的技艺和风格，都总是会有些微妙的差别。使用者们能洞察其中的不同，从而挑选出自己喜爱的工匠所制作的成品。没人选的作品就卖不出去，有的可能是器形不够好，有的可能是细节不够完美，也可能是用起来不够顺手，卖不出去总是有道理的。

在手工业普及、手艺人活跃的那个时代里，使用者和制作者之间的距离是很近的。使用者能面对面见到制作者，买来的东西也都知道是谁做的。

制作者和使用者有时还能混个脸熟，有机会还能聊上两句，了解到使用者的使用习惯之后，制作者还能为他们进行量身定制。如果产品中看不中用，买家也会向制作者抱怨。就算不能当面跟工匠说，也会向商店或批发商表达自己的不满。耐用也是不可或缺的元素。既要耐用，又要好用，用起来还要顺手，满足这些条件才能被称得上是实用之美。我们之所以能从一件件成品中体会到美感，除了要靠工匠本身具有审美意识之外，只有经过一次次试错，才能找到实用与美观的完美平衡。

这与当下工厂里大规模量产的方式是不一样的。工厂里生产出来的产品都是一模一样的，没有任何区别，也看不到制作者的影子。简单来说，工厂里出产的成品讲求的就是效率，有量产的效率才能做到价格低廉。工厂出品的量产化的商品，巧妙地将好用和美感从消费者的选择标准中剔除了,转而以价格竞争吸引大家购买。面对低廉的价格，现代人果然拜服在地，欣然摒弃了所有其他标准。

换作彼时，若是有工匠们无视好用、美感、耐用这些条件，做出质量低劣的成品怕是会被人当作笑柄、受人鄙视。这种成品是见不得人的，拿出这样的成品来示人是可耻的。

从前的使用者也都是讲究人，不合身不衬手的东西是不用的。衣服如果不合身穿着就是出洋相，手工工具如果不衬手就会影响做出来的成品。如果只为了贪便宜，随便一样工具就拿来用的话，不但不利于工作效率，到头来吃亏的还是自己。但如果拥有自己用着顺手的工具，坏了也可以修理，可以加固，有些部位还能更换，可以一直用到不能用为止。

日常生活用品也是这样。用竹子、通草的藤蔓等编织成的箩筐，即使坏了也能修补，提手的部分可以更换，底角的位置可以加固，平日里悉心保养就能长久地使用下去。

这不就是真正充实丰盈的生活吗?

利用适合自己的工具，发挥出自己最好的技艺。无论是制作者还是使用者，曾经都过着这样的生活。当工匠的身影消失的时候，我们又失去了些什么呢？

与学徒制一起消失的东西

学徒制的消失带走了些什么呢？工匠的消失又带来了哪些变化呢？让我们再来深入思考一下，作为培养职业工匠的手段，学徒制的本质究竟是什么呢？

有人把学徒制看作学校里老师和学生的关系，其实这两者相去甚远。

学校里各个科目都有专门的老师，数学也好，理科也好，地理也好，老师们在自己的教学领域中各司其职，以教书为生；而学生交了学费，来到学校里学习。在学生的概念里，老师就要负责把学生教会，这是天经地义的事。也有学生家长认为，如果孩子学不会，就是老师的问题。

但对于不想去学的人和没有学习意愿的人来说，老师怎么教都是教不会的。到头来，即使被迫困在这种学习环境中，等到踏上社会的那天也还是一无所成。从前日本人也有把教书先生称作“师”的，但现在已经没有什么学生或学生家长把老师当作师傅来看待了。对于他们来说老师的职责仅限于教授课本上的知识，不涉及生活中的其他方面。

对于工匠们来说，师傅的定义就不是这样了。

直到现在，也还有少数人在把学徒制当作培养工匠的手段。在这些地方做学徒的年轻人中，也有人初来乍到的时候把学徒的概念和上学混淆了。所以刚入门的时候，学徒们会有诸多抱怨，就算不说出口，心中也会积攒不满的情绪。

“什么都没教。”

“本来做好了挨骂的心理准备，结果连句骂都没有。”

“教都没教我就骂我。”

开始当学徒的时候，就要和一群同龄人以及年纪稍长一些的师兄们住在一起。虽然这也有点像读书时社团活动去集训的感觉，但很快学徒就会意识到，并不是那么回事。学徒会发现，没有人会像学生社团集训时那样跟他一起打闹、玩耍。

在师傅这儿，就是工作的地方，这和学校是不一样的。

这里有付了货款，根据使用需求来订货的委托人。所谓工匠的工作，就是制作出实际被人们使用的物品，在交付成品的同时，除了能拿到相应的报酬之外，也要接受别人对成品的评价。

我见过许多想把孩子送去学习宫殿木匠的父母。他们都会说：

“我们家孩子的手很巧，我觉得如果好好调教的话，应该能成个什么工匠。”

且不论学艺少说也要坚持十年，说实话，学艺与手巧不巧并没有太大关系。不过家长们并不理会这一点。小孩子所谓的手巧和木匠的技艺是有天壤之别的，自以为手巧反而会阻碍学艺——我采访过的各类工匠都说过类似这样的话。

无论是家长还是小孩，都会认为当学徒就是等师傅来教授技艺，他们误将学徒制中的师徒关系当成了校园中的师生关系。上一代人对学徒制的印象就是“除了训斥还是训斥”“一言不发就动手打徒弟”“全靠偷师”。

从前也好，现在也好，无论哪种职业的工匠也好，一名匠人收了徒弟当了师傅，也不代表他就成了教书先生。这学艺这条路上，虽然有的师傅会温顺一点，但谁也不是专业的教育家。

无论在哪个时代里，能工巧匠不一定懂得如何教徒弟。当学徒的多少都被打过，也吃过不少拳头，其中大概有一半人一边在心里咒骂师傅是个混蛋，想着“根本不用动手，只要好好讲我就能听懂了呀”，一边咬着牙流着泪把本事学到了手。

即使经历过这样的过程，到了自己当上师傅的那一天，依然也会对徒弟大打出手，破口大骂，直到这时才会切身地体会到要教授一门技艺是多么困难的一件事。所以已经能独当一面的那些工匠们都知道，“手艺都是偷来的，唯有靠自己记住才能学会”。

要成为一名合格的工匠，就要打造一副适合这项职业的身躯，要让身体记住这项职业所对应的技术，要养成时时刻刻思考与工作相关的事的习惯，还要知道以这个职业为生的话需要遵守哪些道德规范，认识到这个职业的工匠们在社会中所扮演的角色。

这些事不可能在教室里通过课本或言语来传授，只能在工地现场或工作环境中边做边示范。

人无论做什么，在离世之前都要先活过漫长的人生。

人要活着，就要为了养活家人而工作。曾经，人选择从事某个职业是为了一辈子的营生，如果离开了这个职业，也就失去了所谓的人生。而师傅的角色就是为学徒创造一个环境，让他们能在其中学习某项终身职业所需要具备的基本素质。

职业和人生就像是一张纸的两面，无法从彼此中剥离。但随着大多数人成为公司职员以获得生活的保障，这种职业理念也被改变了。

人们不再靠手上的技术来过活，而是把为公司打工当作生存之道。于是，对公司的选择成了对人生的选择，选择一家好的公司入职就是唯一的出路。为了能进一家好公司，大家都开始看重学历，而师傅带徒弟所讲究的什么道德呀、伦理呀、情义呀、人情世故呀就都被抛到脑后了。

于是乎，以一技之长作为生存之道的职业观念就变得越发淡薄了。

在新的环境下，不乏有人将学校生活中的习惯带到职场上。就算已经是个成年人了，还会说“前辈什么都没教我”“没人告诉我要这么做”“这我没听说过”……用种种不负责任的回答逃避自己的责任。

如果是在师傅的门下，想要学有所成可不能等着师傅来教。

通常都是“自己看着学，试着做了就知道哪里做得不对，再通过反复操练让身体产生记忆”，在实践中发现“原来如此”的时候，才是学习刚刚踏上正轨的时候。

如今在最低工资法的规定下，刚入门的徒弟，任何技术都还没掌握的初学者，包括以学习手艺为目的而来的那些人，都要根据法律得到最低工资的保障。换作以前，学徒们还得为师傅提供的吃住和简朴的工作服而付给师傅钱呢，而师傅只需要给徒弟极少的一点零花钱。

徒弟们要负责打扫、跑腿，还要帮着照看小孩，但因为师傅给徒弟们提供了学习的机会，所以干这些活儿就算是抵扣了学徒们的学费，只不过他们付的不是真金白银，而是靠劳动来支付了这笔学费。与此同时，干杂活本身对于帮助学徒们了解所学的职业有着重要意义。

如此一来，徒弟也不只是师傅的累赘。

就算是技艺不精的学徒，师傅也会有相应的工作让他尝试，让他能在工作中帮上忙。有时少了这些帮手还真不行呢。

在秋田县角馆町，有用山樱的树皮来做茶叶罐、碗、装书信的盒子等器物的桦木工艺。据从事桦木工艺多年的小柳金太郎先生（1921 年生）说，他刚开始跟着师傅学艺的时候，师傅就让他帮着给刚做好的成品打磨抛光。

桦木工艺制品表面的光泽都是靠打磨出来的。做好成品，打磨好，才能送去给批发商。打磨抛光的过程中先要用到木贼草或糙叶树的树叶，再用布把成品擦到锃亮。这种打磨的工作，还有交付成品、接受和分拣原材料等工作，即使没什么技术的人也能做。还有像制作粘胶（用于将山樱皮贴在器物表面）这种工作，虽然比较难把握分寸，但就算是家里人或是刚入门的徒弟也能干。虽然都是些够不上计入工艺流程的杂活儿，但也都是必不可少的工作。如果没有学徒或妻子之类的家里人在，工匠们就不得不靠自己来完成这些工作。工匠们赚的就是每件作品的人工费，所以对他们来说能完成多少成品是至关重要的。为此，如果能有人帮忙承担那些不需要工匠们亲力亲为的工作，那就再好不过了。但与此同时，工匠们并没有闲钱来雇人干这些活儿，所以如果学徒或家人能帮着打下手的话，工匠们干活儿的进度就能快很多。这样一来，即使手艺不精的人也能在这个过程中起到很大的作用。安排好这些技艺未精的学徒，或是家中腿脚不方便的老人，让他们也能出一分力，也是工匠们的工作。

对于学徒们来说，能做好杂活儿也是学艺的关键一环，因为这能让学徒们有机会拿到师傅刚做好的成品，细细观察研究。

宫殿木匠小川三夫先生当初在西冈先生门下做学徒的时候，就曾被师傅吩咐去打扫储藏室，储藏室里摆放着师傅的工具和图纸。小川先生说，师傅既然允许自己去打扫储藏室了，那他就当作师傅默许了自己可以接触这些工具和图纸。该如何看待别人吩咐的事情，这都取决于受命者自身的态度。

工匠们对于工作环境的秩序和整洁有非常高的要求，而保持工作现场整洁有序不是老师傅们的工作，要由新手负责。如果摸出了门道，就能通过师傅的动作、眼神、说话语气语调，判断出师傅接下来需要什么，要做什么。在用心留意这些细节的时候自然就记住了流程的安排和步骤。慢慢地，自己也会像师傅那样开始思考工艺上的事。

当小柳先生在学艺过程中达到这个阶段时，师傅便开始让他尝试负责削树皮的工作。师傅们都会通过观察徒弟工作的样子，来判断什么时候才能将下一步工作交给他们。学艺路上的进步并没有系统性的规划，不像在学校里那样，有课程设定，还有毕业期限。

学徒制的初衷就是让有心学手艺的学徒能有机会紧贴在师傅身边进行学习。学好了一步才有机会进入下一步，必须步步为营。

师傅的教育方法也很简单。

一是要让徒弟在旁边看着自己做，边看边学，再就是当徒弟做错时要严厉斥责。在工匠的世界里，不存在师傅夸奖徒弟。师傅不需要像学校里的教书先生那样表扬和讨好学生，也没有必要帮助后进的学生，激发他们的求学欲望。不想学的人要么选择放弃，要么就先放着不管，要么逐出师门，总之无论如何徒弟自己不努力就没法向前进步。

师傅对徒弟是很严格的，徒弟做错了，手法错了，顺序错了，对原材料处理得不好，或是工具没整理好，都要挨骂。因为如果放任这些差错，就无法在规定时间内完成足够多符合要求的成品。如果哪天师傅不再对徒弟唠叨了，那徒弟就离独挑大梁不远了。

学徒就是被骂着培养起来的。

工匠们并不是教育专家，要栽培弟子，让他们学会手艺，基本就只能靠训斥。虽然当徒弟的心里可能会觉得委屈，但师傅不是学校的老师，没有一定要教的义务。虽然来拜师的时候大家都想成为一名出色的工匠，但过程中还是得看学徒自己的努力。还有就是，学徒制中用到的教学材料，都是有价有市、关系到生计的商品。师傅是冒着风险让学徒参与到自己的工作中的，边经营自己的生计，边将自己的技术传授给徒弟们。

徒弟们如果做不好，师傅就会骂："不是这样的！看我做了这么久，你都看会了点啥？！"

有时话音还没落，拳头和废木板就已经朝徒弟们飞过来了。毕竟都是赌上自己招牌的商品，容不得有半点疏忽。也不能因为徒弟的关系而拖慢了工作的进度。

徒弟们吃住所用到的钱都得靠师傅的工作所得来支付。我们在前文中提到过，小川三夫先生第一次去找西冈先生想要拜师的时候，西冈先生就因为"最近手头没有工作"为由拒绝了小川先生。这其中有两个原因，一是因为没有现成的工地就没办法带徒弟，再有就是经济上的原因，别说是多一个徒弟，就算只是养活一家人都已经很艰苦了。从古到今，工匠们的人工费从来都不足以让他们和家人过上富足的生活。

高村光云[1]先生早在很久以前就在自己的书中提到过，为了收徒弟，师傅不得不缩减自己家的生活开支。

“想收徒弟的话，你就要有一日三餐并作两餐的准备。”

过去，师傅只需要给徒弟一些零用钱，逢年过节再给徒弟送身衣服或是送对木屐就行了。但即便如此，为了收徒弟，师傅的日子还是会过得紧巴巴的。

现在，连刚入门的徒弟也要拿一份薪水。所谓的最低工资法无论是对为了学艺而来的学徒，还是对作为师傅的工匠来说，都不是一件好事。因为作为一名工匠，最基本的原则就是要接受与自己技艺对等的报酬。

正是基于这个原则，学徒们才会为了早日成为一名出色的工匠、挣到合格工匠应得的那份酬劳而甘愿吃苦耐劳，不断精进手艺。因为如果学不到手艺，吃亏的终将是自己。这就跟学校里的情况不同了。如果太过宠着学生，对他们来说有百害而无一利。所谓一视同仁，不区别对待任何一

1 高村光云（1852—1934），日本雕刻家。

个学生的做法可以算是战后由民主主义带来的弊端。人只要活着，就要对自己负责。不只工匠们要用自己的手艺养活一家人，要在这个社会立足，就得适应这个以竞争为原则的世界。

工匠作为师傅将徒弟培养成才的过程，就是在为自己打造一名商业上的竞争对手。而作为徒弟，也会把师傅看作自己的“头号劲敌”。学校的老师和他们的学生之间会有这样的关系吗？师傅之所以会不留情面地叱责徒弟或许也夹杂着这一层复杂的意味在里面吧。

在这儿还想顺便说一些题外话。在现代教育中已经不再提倡骂学生或叱责学生了，这样的育人方法是否存在缺陷？人在接受训斥的时候也能有所长进。而现在的孩子因为不习惯受苛责，被训斥的时候不知道该如何应对，这或许会成为他们成长过程中一个很大的缺陷。

工匠消失的原因

高村光云先生之所以就算节衣缩食也愿意收徒弟，就是希望能为木雕这门手艺培养出继承人，因为毕竟高村先生自己也是从小靠木雕这门手艺养活大的。为了不让这门手艺就此消亡，高村先生才决心要培养徒弟。

其实早在明治和大正时期，人们就已经开始担心工匠和手工业将要消失了。

近些年来，似乎大家都开始尽量避免一切费时费力的事情。生活中需要动手和费力的操作都逐渐消失了，家用电器几乎都是以省时省力为目标进行开发研制。

需要耗费时间和精力的事就不存在价值吗?

是因为怕麻烦吧?

但规避了这些麻烦的我们又因此失去了些什么呢?

与机械生产或是工厂的批量生产相比，工匠们靠手工制作成品的方式或许的确显得特别费力劳神。

从前，种地的人们都会将自己种出来的“优质良品”拿到市场上去卖。所有的收成都要经过筛选，拿得出手的才会装箱出货。如果有磕伤碰伤，或是品相不好的就留着自己吃。

不是“优质良品”就不能拿去出售。

对于工匠们来说也是一样的道理。如果拿残次品去卖会有损自己作为工匠的口碑，而且批发商作为中间人也会对商品进行严格检查，发现有不合格的成品就会毫不留情地退回来。更何况工匠们必须要照顾好老主顾的使用体验，这样才会有更多人愿意成为回头客。为此，工匠们都会代入使用者的视角来审视自己的作品。

在这件事上，工匠们是容不得半点含糊的。

在我的老家附近曾经有一位从事桦木工艺的工匠。那是一位手艺高超的工匠，但在他去世之后，他的儿子选择了从事别的工作，便准备搬离本地。那位工匠的儿子来我家道别时留下了他父亲生前制作的一个茶叶罐，并说道："这是我父亲留下的，请您笑纳。"

看着这个茶叶罐，我忽然意识到，工匠们亲手做的每一件物品都是心系着别人的需求而做的，这让我不禁有些许心疼——所有的好东西都是为了别人而做的。足够好的成品才能成为商品，这就是工匠们一直以来坚持的职业操守。当我感受到这种匠人精神，我便一直都非常珍惜地使用着那个茶叶罐。

在这一基础上，我们就不难理解所谓"拿出去卖的都是好东西"和"买回家的都是珍贵的高级货"在手工业中都是常识。

在农民们还不容易赚到钱的年代，为了不浪费钱，平时要用的东西他们就尽量自己做。如果实在想要品质好一点的、自己又没法做的东西，就不得不拿出真金白银去买了。

所谓商品就要以使用者的需求为优先考虑。当然，这都是在大型量产、大众消费出现之前，在将价格看作是选择商品的首要条件的理念尚未普及之前的旧话了。

那时候的使用者和制作者很可能就住在同一个地区，工匠们制作的物品就像是刻了自己的名字，大家都知道哪样东西是谁做的。那时也存在价格的竞争，所以工匠们在出货的时候总是会被众多挑剔的眼神包围。

所有的事情都有两面性。虽说拿不出手的东西就不该拿去卖，但事实上还是会有人这样做。之所以会出现这样的情况，也是因为会有使用者选择这样的商品。商品的好坏是由使用者来判断的，大家都可以挑选适合自己的东西。

在大众消费成为常态之前，人们总是以耐用、好用作为挑选商品的标准。但不知不觉间，便宜又省力的商品开始受到青睐，逐渐占领了商家的铺面。

这一变化其实也是经历了过渡期。下面就来说说我从建造传统民宅的木匠那里听来的故事吧。

“我们平时用的这些工具呀，有钱的时候就会去买些贵的、好用的。除了用的时候特别有面子之外，其实也是为了自己好，有一把好工具，干起活儿来既轻松效率又高。但有时候我们也会买便宜货，其实便宜货向来就有，但所谓便宜没好货，从来都是如此。不论哪个时代都有人会制造出一些质量不怎么好的商品，也会有商人低价出售这些商品，那些商人会把这些工具拿到我们工作的工地上来卖。这些商品如果放在商店里肯定是没人买的，冲着它便宜去买的肯定不是我们这种手艺人。但如果是在工地上，每逢我们吃午饭或是小憩的时候，工具店的人就会拿着商品来兜售。他们会把工具展示给我们看，其中有质量好的，也有便宜货。有些名师打造的刨刀，就算是按月分期付款我也买过，但有时候也会遇到现场刚好缺一把工具的状况。遇到这种情况就会想着便宜的也行，能凑合用就行，于是就会买下便宜货。不过到头来也就用一次，用完就嫌弃了，因为实在是不好用，那把工具后来也被扔在一边了。最终还是选择了昂贵但好用的工具。有过几次这样的经验之后，使用者也就变精明了。虽然好用的工具一开始显得贵，但用起来轻松，干起活儿来事半功倍，而且能用很长时间，这么算下来，其实一点都不贵。有了这样的体会，下次还会想买同样的工具，这样对使用者和制作者来说都是好事。所以说买东西的过程也是一种学习啊。”

然而，如今当你翻开木匠们的工具箱，会见到锯条用完可以更换的锯子。不需要磨锯齿，就可以直接拿来锯木头了。不过严格来说不是不用磨，而是因为这种锯齿太硬了，根本没法磨。刚换上的坚硬锯齿锯起木头来很好使，等到锯不动了，换一根锯条，就又能锯了。

无论是给工具做保养还是磨锯齿，原本都是工匠最基本的分内事，现在却被看作烦琐的、拉低效率的事。连工匠这类专业的工具使用者都这样了，普通人就更不用提了。

竹质的笸箩用完之后需要晾干，换成了塑料的就不用了，而且还便宜。于是从浴室用品到各种要碰到水的日常生活用品，再到玩具、文具、办公用品、运动用品，甚至连武器都用上了塑料制品。

用起来既节省时间，又因为便宜所以用旧了可以直接扔掉再买个新的。能够做到常换常新，扔的时候也就不会舍不得了。

虽然像这样用旧了就扔可能有些浪费，但这样可以保证清洁，对身体健康有利，又能节约宝贵的时间。再说塑料又轻，不构成多大的负担……基于种种因素，这种便宜到用完即弃也不可惜的制品在全世界范围内普及了起来。但人们没有意识到，这股风潮带来的是与之相对应的一种生活哲学。

当人们将方便和省力看作一大目标，洗碗、扫地、洗衣服、削铅笔等日常行为就全都被简化了，但由此节省下来的时间是否真的让人们的生活变得更美好了呢？这就不得而知了。

但人们并顾不上去想那些节省下来的时间是否让自己变得更快乐，就毫不犹豫地选择了方便和省力。

同时人们还在不断改进现有材料的缺陷，开发新材料，逐渐在不同的细分领域中将工匠们赶尽杀绝。

在人们开发新材料的过程中，并未想过要回归自然材料，也没有想过要去培育可持续利用的原材料，人们最关心的只是如何能够一次性得到更多的质量统一的原材料。因为批量生产中数量越大单价就越低，工厂为了要用机器一次性生产大量的成品，就一定要保证原材料的统一性，原材料出现偏差就会造成机器运作中断，所以每一个长得不一样的自然材料当然就不在选择的范畴之内了。

小到日常生活用品、学习用品，大到房屋、娱乐工具、飞机、船只、电器设备等，生活所到之处的方方面面都能见到用新材料大批量生产的制品。除了在生产开发的最初阶段，几乎已经完全不需要工匠的存在了。

工匠的消失就这样成了历史的必然。

与此同时，一个不看重技术和经验积累的时代也随之悄然到来了。

不需要经验的时代

当大家都不再选择由工匠们制作的结实、耐用又好用的手工制品，转而青睐由工厂量产的适应大众消费的平价商品之后，我们最终会迎来怎样的局面呢？

本来会大费周折到处寻找原材料的人，会将器物拿在手中细细把玩鉴赏的人，如今都不再去讲究器物的材质了，人们开始习惯不假思索地接受不知道由什么材料做成的商品。

同时，大家也不会再怀着惜物之心去爱惜自己使用的物品了。如果是工匠们全心全意用精湛的技艺制作的作品，使用者就不太会舍得粗暴对待，因为如果使用不当，来之不易的物品就会被弄坏，就不能用了。

人们也不再习惯东西用坏了要拿去修，平时生活中用到各种工具的机会也越来越少。因为本来价格就便宜，用坏了再买新的就好，从前那种修一修就还能用，东西一直要用到不能用为止的理念已经消失了。现在只要一出现故障就整个换掉，买一个新的，这种新的习惯已经深深植根在人们的意识中,用完即弃成了生活中新的常识。如此一来，遇到东西坏了，人们自然就不会再想到要拿去修理，在当今这个时代，拿一件物品去修反而可能要比买一件新的更费钱。如今的年轻人已经不知道东西坏了还能修了，因为在他们出生的时候，社会上已经没有这种风气了。

人们不再去花很长的时间来鉴别一样东西的好坏。如果凡事都不往长远看，就不会有文化的产生。如果不培养国民以长远的眼光来看待事物，不训练大家描绘未来蓝图，在这些人中就不会诞生合格的政治家和领导者。如今我们的国家不正深陷这样的泥沼吗?

如今我们不再会问一件物品是出自谁人之手，所谓制作者的名义也不复存在了。虽然出现了品牌这一概念，成为人们选择商品的另一种考量，但这不过是在众多用户失去判断力之后诞生的一种简陋的选品标准，并不代表使用者具有扎实的鉴赏能力。

千篇一律的商品充斥着市场，人们可选择的范围却在收窄。找不到完全适合自己的工具，于是即使有少许不好使也要勉强去用，逐渐变成了人要去适应工具这种本末倒置的状态。

工匠做的东西没人买了，工匠自然就渐渐消失了。当市场上再也买不到适合自己的商品时，人们却把这看作“顺应时代的流转”，坦然地接受了。

但时代明明是由人来创造的，当人们默认自己无法与时代的巨轮相抗衡，那就等于放弃了思考的权利。

正因如此，也才会偷懒地将价格便宜作为挑选物品的首要考量。

如果把价格看作最重要的选择标准，那么这件物品的制作耗费了多少手工，耐不耐用就不那么重要了，也就更不会去关心物品做出来有没有美感了。

无论是家庭中还是社会上，大家都在追求便利。

即使不懂得背后的原理，只要能操作，那就可以拿来用。无论是原材料还是制造的方法和原理，全部都成了与使用者无关的事情。有时即使你想知道也无从知晓，于是就这样懵懂地用着，只要用着方便就行。就这样，家里有限的空间开始被各种新商品占领，只满足最低需求的极简生活已不再受到青睐。

每当有新产品推出的时候，总能看到类似这样的广告语："匠心打造，高贵不贵"，或是"省时省力更清洁"，又或是"全新材料融合创新设计，带来前所未有的使用体验"等，既借用了工匠技艺的好处，又标榜能超越前者，诸如此类的广告文案现在也依然盛行。这样的说法之所以能引起共鸣，是因为人们的记忆中对工匠精湛的技艺还留有印象，这种匠人精神有其文化黏性，在人们心中还留有余韵。

但到头来消费者还是欣然接受了工厂批量生产出来的商品。

于是乎，必须要经过长年学艺的工匠销声匿迹了，所谓经验全部转化成了数据，被输入电脑，由机器代为操作，我们也进入了一个"无人生产"的时代。

从前要经历十年学徒生涯才能让手艺精进，学到大师的技法，如今用电脑控制的机械，只要几分钟就能完成木工雕刻，操作的人不需要熟悉木头的特性，也不需要知道锯子的用法，而那些机器可以按照图纸把误差控制在毫米以内。

昨天还长在山里的树木，今天就变成家居装饰中的一部分了。在这样的机械操作中，每一根木材的特性无法被区别对待，只能像工厂中的普通原材料一样统一处理。

机器是不喜欢个性的。如果要顾及个性，确认不同之处，一个个分开处理，那就会既费事又麻烦。一切都要讲求速度，高速就代表着高效，这是头等大事。要使用电脑控制的机械，除了需要有正确的设计图纸之外，还需要一名将数据输入电脑的操作员。

这样一来，不需要有工匠根据木材不同的特质进行搭配组合，也不需要有高超的工具使用技术，不需要为组装结构进行多次试做找到最佳方案，只要花数亿元买一台机器就能轻松解决了。

以前要付出辛劳和时间才能得到的结果，现在花钱就能买得到。事实上，机器制作出来的产品也能与出自名匠之手的工艺媲美，而且在尺寸上可以做到分毫不差。

而在这过程中不需要有经验和技术的人。

但量产中所用到的木材并不会因为制作工艺的改变而失掉自己原有的脾气和秉性，即使被用来建造成了房屋，木材的个性还是会随着时间暴露出来，甚至让整个房屋都发生倾倒。发生这种情况就是因为人们忘记了木材砍伐后要经过静置，要让木材的个性显现出来，再把容易出问题的部位去掉，然后才能根据木材的特点因材施技。

控制机器的操作员当然没有这样的技术和知识，他们也没有必要去读懂木材的特性，原材料在他们眼前停留的时间也不过几分钟而已。

这样的情况不止出现在建造业，从前工匠们活跃过的各个领域中都出现了机械作业。

在依赖机械和电脑的时代，人类的身体似乎也变得可有可无。

这一点从手工工具逐渐被摒弃这件事上就能略见端倪。

手工工具原本只是手的延展。

工匠大师们常常会说：

“要把工具当作自己身体的一部分来使用。”

“磨刀的时候要把自己指尖的感觉传递到刀刃上。”

从前的工匠们就是把工具当作自己身体的一部分来使用的。

每个人的身体都不尽相同，每个人拥有的感知力也不一样，因此，手工工具是有个人属性的工具，别人的工具和自己的工具总会有些许微妙的差别。无论是刨刀、锯子、凿子、石匠的锤子，还是农民用的铁锹、锄头，原本大家都会去跟铁匠铺定做适合自己身体特征，方便自己干活儿的工具，大家都会不断探寻有没有更适合自己的工具。

还有藤蔓编织、竹编、槭树条手编、屋顶匠等手艺人，他们在工作中用到的工具更为单一，有时就会直接把胳膊、指尖、手掌、脚、牙齿等身体各个部位当作工具。

工具的诞生原本就是为了帮助人们做到只用身体做不到的事，经过不断地推敲研究，发展出各式各样的工具。但由始至终人都还是将工具看作对身体的一种辅助。

要想熟练使用工具，一定要让工具的使用者接受训练，没有人培养他使用工具是不行的。手指和脚都是身体的一部分。学习一门手艺虽说是要让手和脚掌握这门技术，对操作产生记忆，但不能把手和脚从身体分离开来，无论何时我们的身体都是一个有机的整体，身体的各个部位是协同运作的。

所谓想法和感受也是因人而异的东西，无法将它们和一个人割离开来看。所以学艺的时候有关手和身体的记忆也没办法从师傅或父母那里直接“下载”，只能靠自己去感知和体会。

所谓手工制作的过程，就是一种依靠具有思考能力和感知力的人，调动自己全身各个部位去完成的一种行为。

然而，工具消失了，由机器取而代之。无论是机器还是工厂，都不能作为人类肢体和知觉的延展，它们是独立存在的个体，它们代替人类出现，并展开自己的进化。机器和电脑将手工工具逼上末路，同时又鼓吹不需要经验也无妨。

日本人不再用自己的手或身体来制作任何东西。日本人的手现在只是用来端碗拿筷子，已经无法再感受手工制作和把玩手作制品所带来的快乐了。人们的手上再也没有任何靠多年积累得来的东西了。

这也不仅限于手工制作业。就连开船出海打鱼的渔夫们也是一样。

渔夫们原本需要读懂风向、知晓天气、凭经验判断洋流，通过天上的星斗或周围的山脉来判断自己船只所在的位置和要去进行捕鱼的方向，最终还要能实际捕到鱼。但现如今，靠这样的方法已经捕不到鱼了。

靠着长年实战积累所得的直觉和经验就能捕到鱼的时代已经过去了。

现在天气可以通过电视或电台新闻来了解，有需要的话还可以用传真机接收每小时最新的天气变化，不再需要靠目测来预测天气了。

利用人造卫星传送的电波，就能通过 GPS 全球定位系统这种便利的装置轻松地掌握自己的船只所在的位置。从前，渔夫们只要能看得见陆地上的山脉就能推断自己的位置，看不见山的时候，也能通过划船经历的时间和潮水的速度、马达工作的时间长短来推测自己所在的位置。为了能捕到鱼，为了能安全回到渔港，这是渔夫们必不可少的技能。

为此，渔夫们从小就要跟着家里的父亲、兄长一起打鱼，也会以见习的名义到别家的渔船上去当炊事员，一边给人做饭一边学习捕鱼的技术。这也就算是渔夫这个行业里的学徒制度了吧。

如今，只要给船上配备一个 GPS 全球定位系统，不论是谁，也不论是在白天还是夜晚，即使是在大雾中，或是云层遮住了星光的夜里，都能在任何海域上畅行无阻，随时掌握自己的位置。这原本是为了军用目的开发的仪器，如今就连家用汽车上也逐渐普及了。

直到这些设备出现之前，就算是经验丰富的老渔夫，在浩瀚的大海也总有无法洞察的角落。

从前没人知道海底的详细地形图是个什么样子，只能靠投下鱼钩，靠自己的手来感受重量的变化；如果要撒网的话，就要根据周围礁石的情况来推断海底的地形，而这些知识都要靠渔夫们记在心里。所以说经验就是渔夫们最宝贵的财产。

然而现在，有了鱼群探测仪就能轻松了解海底的地形，以及附近有没有鱼群。用并不昂贵的价格就能买到存有数据的磁碟，放进电脑之后就能显示出海底的地形图、等深线图等信息。

不仅如此，还出现了自动操舵装置、雷达装置，帮助船家能准确抵达目的地。就拿钓墨鱼来说，渔船到达渔场之后，连接着电脑的鱼线和鱼钩就会自动开始工作，从穿线的方法，到如何引诱鱼儿们上钩，甚至连鱼钩的假动作都在电脑程序里设置好了，全自动化的机械设备能不断放出鱼线，同时不断地把墨鱼钓到船上，船上的人只需要负责处理钓上来的墨鱼就行了。经验老到的渔夫被电脑取代了，水手们取代了原本船上的见习渔夫，帮着收集钓上来的鱼。

而且并不需要什么特殊的渔船才能搭载这样的机器，现在市面上的渔船无论大小几乎都可以配备这样的装置。

还没给渔船配备这些机器的，就只有那些后继无人的老渔夫们了，只有他们还坚持着，要用这辈子积累的经验和直觉过完海上的余生。但这并不代表他们是因循守旧的顽固派。

事实上，从前的渔夫反倒是常常在开发新的捕鱼方法，他们都是会花功夫自己研制鱼钩的革新人士。他们会仔细观察大海，包括鱼群的出没、气温、水温、风的强弱、气候的变化都要留心。要熟悉环境的变化，还要跟得上这些变化，这日子才能过得下去。

一直以来，他们都以随机应变作为生存的信条，保持着灵活的思维模式。若非如此，恐怕在这样纷乱变化的环境中，在工具不断进化的时代里他们是无法幸存下来的。

说到捕鱼用的渔网，一直以来渔夫们用的都是棉麻质地的渔网。那些网很粗重，粗到鱼儿们完全能看得到这些网，但渔夫们照样也能用这些网捕上鱼来。后来才有了尼龙线。发展到现在，尼龙线做的网不仅细到连肉眼都快看不见了，而且还不容易破。虽说是新产品，但刚一推出，渔夫们就已经能够将其运用自如了。

但与此同时，机械设备的开发销售战还是推进得太快了，而且机械设备的价格也非常昂贵。对于经验丰富的渔夫们来说可有可无的产品像汹涌的浪潮一般涌向市场。

其实老渔夫一定也会去了解新开发的商品，他们会用长满老茧的手指试着触动装置的遥控按钮。但在惊讶于现代科技带来的便利之余，他们马上就会意识到这东西对自己来说并没有什么用处，因为在他们所熟知的海域中，这就是一样多余的工具。

为什么自己所在的位置非得要靠机器来告诉呢？

老渔夫们一辈子就在自己家乡附近的海域打鱼，长年使用的小船要是出了什么故障也能靠自己把引擎修好，只用简单的渔具和渔网来捕鱼,也能养活一家人。工具越简单，背后就越需要渔夫们具备充足的观察和经验。

尽管具备过人的经验和技术，渔夫们也不会因此而自满。他们随时都会保持警觉，做好准备面对可能出现的未知情况，或是任何可能超出自己经验范围的危险状况。

但现在的年轻人根本不会在意这些，他们就算债台高筑也不惜要花重金添置各种仪器仪表。有了这些，只要一个按钮就能完成所有的操作，自己的船还能比别人都早一步到达渔场。

当然，他们的渔获数量也是惊人的。

所以年轻人才会不惜借债也要买下崭新的船只和先进的装备，以此来抵偿他们所缺乏的丰富经验和不曾经历的艰苦修行。而且年轻人早就习惯了打电脑、玩游戏，操作起控制面板上的按钮来就跟打游戏没什么两样。换作是上了年纪的人要来适应这些键盘可能就没这么容易了。

举债度日的年轻人们为了拼命赚钱就算是刮大风下大雨也会出海打鱼，而老渔夫们也只能看着年轻人驾驶着高速渔船远去的背影发出一声叹息。

老人们不服输地说道：“虽然船上装载了各种设备，不需要什么经验也能捕到鱼，但如果船上的机器发生了故障，你们能靠一己之力判断出船只所在的位置吗？只怕是顷刻间就迷失方向了吧。这大海里要是一没了方向可就完蛋了呀。”

老人家们都相信，在大海里“生和死之间就只隔着块船舱板”，经验告诉他们，唯有靠自己的实力捕鱼，学习如何在海上生存才是唯一的正道。

然而，相比直觉和经验，熟练操控电脑更能左右渔获多少的时代到来了。在这过程中不再需要人和鱼的互动，也不需要捕鱼者对海上的情况和变化有所知晓，不需要人脑凭经验对这些情报进行分析。

无论是自己曾经钓到过鱼的地方，还是从别人那里听说的渔场，只要将这些可能有鱼的位置数字化，输入电脑里，就能确保渔船分毫不差地到达指定位置。这不需要任何经验和直觉，只需要一组数据就行了。

到达渔场之后只要根据电脑算出的概率放下渔网或鱼钩就行了，如果没有收获就向下一个位置移动。这也不需要捕鱼者熟悉鱼群的习性，再以此推测鱼群的位置，只要根据捕鱼的同行或其他人提供的情报来锁定目的地就行了。

所以船移动的速度一定要快。迅速到位，有鱼的话就尽快打捞，没有的话就再去找别的情报，让船再次快速移动起来。所以对现在的捕鱼者来说，最至关重要的就是有一艘快船和足够的燃料。而为了确保有钱买更快的船、更多的燃料，就不得不去打捞更多的鱼。

就这样，渔夫们开始频繁地更新自己的渔船，船上的引擎也越换越大，当然各种新开发的仪器也要不断更新换代。

总而言之就是要比其他人更快抵达渔场，捕到更多鱼，再以最快的速度运到海鲜市场，然后恨不得立马转身赶回渔场接着捕鱼。

而与之相对应的也是市场上大众消费的浪潮。

多年积累的经验不再有用武之地。

不需要经验的时代已经到来了。

这样说或许不太严谨。准确地说，一定的经验、直觉、自身储备的技能还是有用的，但这个时代并不需要人们像工匠那样拥有长年积累的经验。工匠们面对的是自然，从大自然里获取原材料，由此得来的原材料每一个都有自己不同的特性。处理这种不同只能靠指尖的触觉、眼睛的视觉、嗅觉和听觉来分辨，再借助双手熟练运用工具进行制作，才能最终收获成品。但现如今，制造者们面对的是机器、数据，工厂出产的都是千篇一律的成品。

曾经发生过这样一件事：在修复古代城堡的时候，请来石匠却不让他们仅用石块来重建垒砌城墙，反而规定必须要用混凝土。诚然现在的建筑物都要符合一定的建筑标准，但在这些规则面前，也有许多历史悠久的宝贵经验和技术正在消失。

如果说这是那些愚蠢的、无知的人在犯浑，那我们还可以去对他们提出指正，但事实上，这些规则都是由权威学者、研究学者和官员们制定的。

但即使如此，石匠们也成功地将混凝土材料和天然石料结合在一起，很好地进行了利用，这就是工匠们懂得变通的地方。无论是新的材料还是新的工具，工匠们都能随机应变，让它们在工作中发挥作用，工匠们绝不是不懂得变通的死脑筋。只有两件事他们决不会让步，那就是作品的品质和对技法的传承和保护。

无论是出现了新的原材料，还是过程中加入了电脑的参与，工匠们培养出来的技术和感知力都还是有用武之地的。殊不知后来还是发展到不需要任何经验也能进行生产制造的地步。

用电脑就能在瞬时间完成反复的试错。人类曾经要在这个过程中耗费几年的时间，试试这样，再试试那样，再试试这样，再试试那样，鱼线是早一点放下去比较好，还是晚一点比较好，这都要凭经验和结果进行多次对比和确认，现在完全都可以由机器代劳了，而且立竿见影，人类只要坐享其成就行了。虽然结果是好的，但其中经验的积累靠的是机器，而不是人。这样一来，如果哪一次没有得到如期的结果，或是哪里出现了故障，就没法靠人去追溯造成这个结果的过程，因为甚至连这个过程都不存在。

然而，也只有从尊崇经验和直觉的时代走来的人们才会这么想。

在这个机器和电脑已经在日常生活中广泛普及的时代里，手工时代积累的经验反而会让人束手束脚，因为经验会妨碍人们学习新设备的操作。用过时的思考方式是无法理解数字化信息的。

当然，像这样的新旧思想交替也并不是第一次出现了。

“这种思想太老旧了。”

“您已经跟不上时代的步伐了。”

无论在哪个年代，大家都曾用这样的语言去贬低年华老去的人们。而且这不仅限于适应新式机器，还有什么民主主义、自由、平等、环境保护、生态破坏……只要新的时代里出现了新的名词，老一代就算是落伍了。

但终究有一些事情不靠长期积累的经验是无从知晓的。

遇上了这些事，就会庆幸那些经验丰富的老人还健在。当我们在使用他们所熟悉的工具时，那些经验丰富的老人们就是我们重要的顾问。

在和歌山从事备长炭烧制工艺多年的汤上升先生，直到如今也常常会在烧窑遇到问题时向父亲请教。出生于1929年的老父亲通过观察烟的颜色，辨别烟的气味就能对木炭烧成的状态做出判断，进而指示儿子下一步该干什么。汤上升先生总会默默地照父亲的话去做。老爷子虽然已经退休了，但汤上升先生知道父亲拥有着自己无法企及的判断力和经验。

虽说现在依然存在从以前的经验中创造技术的做法，但已经寥寥无几了。明治维新以来，工匠就在不断地消失，最近终于走到了接近灭绝的地步。数据替代了经验，靠机器来储存，机器甚至还可以做出自己的判断，如此生产出来的商品充斥着人们的日常生活。日本人已经心安理得地接受了生活中不再有各种工匠出现。

仔细想一想就能发现，其实大型量产、大众消费、没完没了的价格战、崇尚效率优先、不断开发新产品推向市场刺激消费，这些都是资本主义经济中的必然形态。在这其中，费时费力的手工业自然会受到驱逐。

工匠消失后的社会，没有了手工工具的时代，经验不再有用武之地的社会，又会孕育出什么样的伦理道德观、职业观和社会观呢？

下一棒跑者

当工匠们作为时代的接力者向接力点跑去的时候，却发现下一棒选手已经披上了别的接力带开始跑起来了。

我在很早以前曾经写过，当工匠消失的时候，相关的文化也会随之消失。那时我确实是这样认为的，但现在我想对此稍作修改。在本书中我已经阐述了造成工匠消失的种种原委，在这背后是时间的洪流，也有大时代的背景。

工匠们并不是单独存在的个体，要成就一名工匠，需要有一个能接受他、培养他的环境，还要有人来购买他做的工具或各类作品，这些使用者就是工匠们的衣食父母。

此外，工匠们不仅会培养自己家的后人成为学徒，也会收别人家的小孩为徒。

学徒们在学徒制度下一边侍奉师傅，一边努力学习，积累经验，有朝一日成为一名合格的工匠，自己制作的工具或成品就能拿到市面上卖了。等待这些商品的，将是一群能辨优劣的使用者。

工匠和作为使用者的消费者就像是构成一个空间的经线和纬线，互相交织着才能构成一个空间，缺少了其中任何一方都不行。如果支撑着手工业的文化消失了，那工匠就会随之消失。如果没有了工匠，那也就不会存在这种文化。

在这个不需要资深经验的世界里，工匠们也不再有生存的空间。

虽然并不是所有的工匠都秉持着对最高的品质追求，但他们至少都会坚守自己的职业规范，靠自己的手艺行走江湖。

工匠们以前制作的工具和商品，我们现在也能看得见摸得着。

这些实物和那些看不见摸不着的思考或想法不同，谁都可以拿在手里使用一下，立刻就能体会到不同之处。工具和那些略显复杂的理论思想不同，只要用了，就能辨别出它的好坏。

所谓物件，外观就有美丑之分，使用起来也有优劣之分。对于工具的使用者来说，好用当然要比好看来得更重要，所以通常不会单以视觉上的美丑来评价某样工具。工匠们要生存下去就要让自己制作的商品受到使用者的青睐，一开始可能只有零星的几个用户，只能靠口碑一点点积少成多。

如果自己做的东西没人选，对工匠来说是一件丢脸的事。要想不让自己蒙羞就必须磨炼自己的技术。

作为一名工匠就要尽职尽责。

要精益求精。

这就是工匠职业的道德规范。

为了能做出品质优良的成品，把好的商品送到使用者手里，工匠们都会严格要求自己，这就是一种文化。

而使用者的鉴别能力也越来越强，能选用最高品质的商品，这也是一种文化。

从前，如果你没有这样的眼光、意识或是观念，就会被当作粗人，被人轻视。

无论是鉴赏力、意识，还是好手艺，都要建立在制作者和使用者双方不断积累经验、不断学习的基础上。

要能辨别出价格便宜、外观漂亮但却不好用的产品，也需要靠经验的积累。

当我们接受了大型量产和大众消费，工匠们的身影便逐渐消失了，这个社会也逐渐迈入了经验无用的时代，这一切都值得我们去反思和检讨。

经验和积累竟然失去了用武之地，成了没用的东西，这种价值取向实在叫人害怕。

如果不再需要为积累经验而付出辛劳，那我们长久以来构筑起的文化怕是也会崩塌。

正是这种经验无用的思想，也给老年人问题蒙上了一层阴影。

从前的手工业劳作中，无论是老年人、技艺不精的初学者，还是腿脚不方便的人都可以参与其中，贡献一己之力。

我们曾经在介绍椴木织工艺的章节中提到过，就算是年纪大了或眼神不好的老人也能在工艺流程中被分配到一些工作。捻线、接线的活儿都是老奶奶们一边聊着天一边完成的，这种工作即使是老年人或是眼神不好的人也能做。因为只要做得多了，时间长了，身体和手指自然会形成记忆，靠经验就能胜任这项工作，根本不需要依靠视力。

建造民宅的木匠们要是上了年纪，腿脚不利索了，就会帮忙制作一些固定横档用的楔子之类的小零件。这些老师傅有足够的经验，在一旁看着年轻人干活儿，就知道他们需要多大的楔子。老渔夫们要是年纪大了，不能再出海了，就会在家里帮着削竹竿，织渔网，做鱼钩，总之都会尽自己所能参与到劳作中。

靠身体和双手所掌握的技艺是不会被忘记的。

身体和手一旦记住了一样手艺，脑袋就不用再操心了。

因为手是不会像大脑一样发出疑问的。

但这必须要经过不断学习和积累。在这过程中心里也会不断产生怀疑、烦恼和困惑，心中会一直质问自己为什么选择了这条路。身体和手就不会发出这样的疑问。

然而如今还是来到了一个使用机器的年代，长年积累的经验和技术被拒之门外。最新技术下诞生的机器追求的是无人操作。

与技术相关的信息被从人的身上剥离开，成为独立的存在，还可以被拿来买卖。似乎信息可以在瞬息间驱动整个世界，但人类却停止了运作。用互联网和计算机可以接收信息、发出信息，但作为信息传送者的人类却渐渐模糊了身影，不再被需要。

即使人与人不见面，一切也会照常运转吧？

曾经技术是属于个人的，使用者通过作品选择了制作者，作品的两头连接着制作者和使用者，两头都是活生生的人。

但如今，虽然使用者依然存在，但工厂出产的商品背后只有机器，信息的背后也只有机器。

人和人之间的联系被切断了。礼数和道德规范是从属于人的，机器并不具备这些设定。曾经技艺需要磨炼和学习，在经验的积累中不断精进技艺，还要接受使用者的品评，如今这些都简化成了机器性能的问题。

工厂只要求操作员具备按照顺序操控机器的能力，这其中不需要经验的积累，也不可能培养出借助长期观察来推断结果的智慧。

我曾经造访过一家位于奈良的改良茶农，当时正值采茶的忙季，照理说茶农们会分秒必争，不放过任何一个能帮得上忙采茶的人，但主人却坚持不让家里的老人帮着采茶。原因是老人不熟悉机器的用法，反而越帮越忙。习惯了用双手采茶的老人家虽然有多年的经验，但面对全新的机器却一点使不上劲，只会帮倒忙。

年轻的夫妇二人共同经营着事业，却也没有把自己的孩子们交给祖父母来管。他们说，靠老一辈的想法是没法把孩子教育好的。想当初，无论是照顾孙子孙女，还是帮着做家务，都是家里退居二线的老人们承担的工作。

从前的工匠们互相之间存在有机的关联。烧炭师砍过一遍的林子，二十年后会再长成可以砍伐的树林。这些山里会不断长出新的木材，而槭树条手编艺人、编簸箕的工匠、通草藤蔓手编艺人、制作椴木织的手艺人们就会在这二十年的轮转中，打着时间差从山上采集各种原材料。

在这样的环境下自然可以保持生生不息。

但当下这个时代，人们看待自然的态度已经改变了。由石油资源发展出的石油基材料无法回归到自然中进行再生，人类对于自然资源的利用不计后果，完全是单向思维。工厂生产中也有很多材料被废弃，人们却没有制定循环利用的体系，这也是因为这个时代就是一味追求低廉的价格。与其耗费资源去考虑废料再利用的问题，专注生产才是当下最省钱的出路。与此同时，人们还在贪婪地从自然索取，再通过工厂系统化的量产方式大步向前迈进。这个尚未成熟的社会就这样突然开始加速前进。

在手工业时代，人们仰仗自然来获取原材料，但基本原则是要使用那些能在季节更迭中获得重生的资源，因为这是保护和维持自然环境的方法。

然而，这种遵从自然的轮转，从自己身边的山野、草原、河川、大海中采集原材料的时代已经终结了。

手工业社会曾经是一个完整的社会体系，无论是手艺精湛的工匠，还是技艺不精的学徒、小孩、老人、身体有残障的人士，都能在这个体系中找到自己的一席之地，那时人类的劳动生活都融入在自然的生生不息中。

虽然工作很辛苦，但这其中就有人生的苦辣酸甜。工作才能养家，并借此找到自己在社会中的位置，并从工作中找到乐趣，这就是所谓的人生。

不断积累经验，明天就能比昨天做得更好。积累的经验不会白费，总有一天会收获成果。

一切都以人生的标尺来比对的话，就会养成为长远做打算的思考习惯。

但到了经验无用的社会，在新事物的面前所有的旧事物都被丢弃，变成了没用的东西。

当一切不再需要经验，也就不再需要长期的计划了，一切讲求即时。于是，岁月的积累也不再重要，年老的人便失去了价值。

当这种思想变得普世化的时候，曾经那种不仅要为自然考虑，还要提携经验不足者的思考方式或生活习惯，在这新的时代中或许就不再适用了吧。不过现在我们也还处在过渡到新时代社会的进程中。

一个尚未确立资源再生原则的社会就是一个尚未成熟的社会，我们现在还走在从手工业社会通向后续成熟社会的桥梁上。但此时此刻，我们不仅与曾经为我们提供原材料的大自然之间不存在循环互动，也没有为工厂的生产资源找到再生之路。

从前的工匠们在师傅门下学习，在师傅的训斥声中悟到职业的道德规范和生存之道，现在的社会里尚未构建出师徒制这样的职业成长体系，甚至连摸索的门道都还没找到，却只是一味地质疑过去的制度——“这样的制度怕是不行吧。”

当代人已经失去了以一技之长为生的职业观念。年轻人不再将选择职业看作等同于规划人生道路的事，他们说人生不只是工作，一味否定手工业时代的理念，却并没有为自己找到新出路。

在手工业时代，无论哪种工作哪种职业，都非常重视口碑。如今，大多数人都从属于某个公司，虽然每天也要辛勤工作，但这一工作的概念和手工业时代“工作”的概念实在相去甚远。每个人都只是公司的一颗螺丝钉，并不需要像工匠一样把自己做好的成品或道具展现在世人面前。当代日本国民的主要职业都集中在贸易、金融、服务业等领域。

如今的社会制度下，职业不过是大家赚钱的一种手段和方法，而不是一门营生。生存之道和职业之路有史以来第一次出现了分叉。

在这样的时代下，孩子们不能对未来产生构想，无法拥有长期的职业观也是情有可原的，毕竟就连他们的父母也都是已经远离手工业的一代人了，这些孩子平时又能去哪里学习职业观、自我规划和相应的道德规范呢？

手工业时代里除了有工匠，还有整个社会的支撑体系，其中就有被工匠们当作道德规范和生存法则的职业观。但当社会性质发生了改变，整个社会的基础也发生了改变，过去的职业观、伦理观、道德规范等，如今都只依靠教育来对下一代进行灌输，这是行不通的。因为孩子们所处的社会，作为他们父母辈的我们所选择的生活方式，新时代中的一切都是和过去背道而驰的。我们自己没有身体力行加以实践的伦理、规范和生存方式，又如何能强加在下一代身上呢？

面对自然的态度也是一样。虽然到处都能听到保护自然、和谐共生、还原自然等口号，但自然是一个有机的整体，无法只对一小部分自然进行复原。手工业时代的基础是通过人类的生活劳作活化周围的一切，形成生生不息的循环。如今这种生活已经发生了本质上的改变，想要随心所欲地只恢复其中有利于人类的部分是不可能做到的。

是我们亲手终结了手工业时代。

但却没有人来指明手工业时代之后社会前进的方向在哪里，我们就这样迷失在前途未知的道路上。

但就算是身处那样的时代，我们也和从前一样，身处在友情、家庭、学校等组成的社会关系之中。虽然待人接物的准则会在世代交替间发生改变，但生活中还是有人在用竹枝的笸箩，还有人乘着木造的渔船出海捕鱼，也还有人住在茅草屋顶的房子里。

从前，工匠们会在土用节气过后等树木中的水分干透了，就去进行砍伐，准备好过冬做工时要用到的木材或竹子。而现在，春天来了我们便兴致勃勃地去赏樱，到了秋天又赞叹红叶的秀美。我们也和从前的工匠一样在生活中感受着四季的变化。

要是哪天碰巧拾到一块边角料，拿在手里闻一闻木头的香气，心中也会憧憬居住在木结构房屋中的舒适感。

放弃了与自然共存的人类，面对新型材料和商品，必然会产生新的生活理念和生活习惯。

虽然如今属于下一个时代的生活哲学还尚未成型，人类还处在过渡时期，但总有一天我们需要为下一个时代架起桥梁，无论是人际关系，还是对待万物和自然，都要有成熟的思考和规则。

人类也并不是愚蠢到无药可救的。

毕竟曾经的工匠们能制作出那么精美的作品，能够活用自然界的材料。在那个时代，大家也能对工匠们的作品做出严格的评价。

曾几何时，这个国家出口国外的商品也像我们的亚洲邻国现在大量出口的商品一样，因为制作粗糙价格低廉而受到过各种非议。当时也有很多这样的成品在日本国内销售，但终究人类的智慧还是发挥了作用，廉价却劣质的商品最终遭到了淘汰。

虽然工匠们消失了，整个社会的性质也发生了改变，但对于优质工具和优质商品的鉴赏力还是得以保存了下来。

时代的变化总有一个往复的过程。早在明治时代，许多书籍就已经对工匠正在消失的现象发出过悲叹，但这些叹息声都被“迎接新时代”的浪潮卷走了，经历了数次冲刷才被带回岸上，当我们迎来了21世纪，这些叹息终于又浮出了水面。

人类无论如何都必须探索自己的生存之道。

手工业时代的道德规范、职业观、尊重经验的社会环境也都是为了追求更好的生活而孕育出来的法则，这些都是手工业时代特有的思想。

这种思想并不依靠学者们用理论构建起来的知识体系，而是人们的生活和实践，一切生活方式都以此为基准，全社会也都以此为共识并贯彻始终，这也是一种生活的哲学。

每个时代都有自己流行的生活哲学。

因为思想是流动的，是会改变的。

如今手工业时代的思想已经消亡，我们需要探索下一时代的生活哲学。

像手机和电脑这些在后手工业时代出现的产品，人们都不曾为其制定过使用的规范和礼节；又不能沿用以前手工业时代的规范，因为着实相差甚远。而这也间接证明了过去的这套思想放到现在来看已经是捉襟见肘了。

当人们发现没有章法会给生活带来不便时，一定会催生出一些规则。

但往往只有在人们拼了命地努力去生活的时候，才能孕育出属于那个时代的规范和伦理。

如果只是一味地追求一时轻松便捷的生活，那混乱的时期可能就会一直持续下去。

当今的时代里工匠们不见了，经验没有了用武之地，人生的积累也不再重要了。用作生产的机器不再需要人手的参与，甚至根本不需要人的存在。机器也不存在口碑或名誉，只需要追求实效。我们似乎进入了一个不需要人类的时代。

但不需要“人类”的时代真的会到来吗?

我并不这么认为。

我们需要的，是重新定义“人类”这个概念，来适应新的时代。

手工业时代结束了，那后手工业时代的生活哲学又该是怎样的呢?

这才是我们现在需要解决的问题。虽然通往下一个时代的桥梁现在还没架好，但它总有一天会竣工建成，那会更利于伦理道德观和职业观的建立。生活的智慧必然会将人类引向这样的出路，这就像水会往低处流，积聚在低洼地带一样，人类也一定会为自己找到那个稳定的状态。等到那个安定的位置不存在了，水又会重新流动起来，寻找新的安身之地，然后在那里重新建立起新的伦理道德观和生存方式。

到彼时，那些与我们擦肩而过的工匠们，他们曾经活跃过的“手工业时代”中的伦理道德观和职业观能不能在我们探索新道路时成为我们的指路明灯呢?

虽然这里用到了“伦理道德观”“职业观”这样看似深奥的辞藻，但说白了，就是永远都需要有“全心全意，全力以赴拿出好产品”的制作者，和“能够区分优劣并做出正确选择”的使用者。

放眼望去，许多工艺现在只能靠少数工艺美术研究者们积累的经验才能完成，尽管我们还能找到在这方面持续钻研的人，但生活中已经完全见不到手工艺匠人们的身影了，只有他们的工具和作品还残留在世上。

手工业时代已经彻底落下帷幕了。

后 记

时代洪流不会放慢前行的脚步。

前进速度更快的是人类自己，而这背后的动力就是人类的思想。

这本书是在2000年完成的，2001年出版。2008年又以文库本的形式与大家见面。

当初我在20世纪末，整理着与这些手工艺匠人之间的对话时，也在见证手工艺的消失。

我在书中讲到过，虽然工匠们消失了，但他们的作品还会留下来。这是承前启后的时期，如果人们能回过头来看看这刚刚落幕的手工艺时代，或许能为探索未来找到指引。

虽然我现在也依然抱着这样的愿景，但自本书第一版成书以来才经历了八年，书中提到的工匠们已有超过十人因为辞世或卧病而放下了工作。

在这些工匠中也有人面临着后继无人的窘况。

即使没有人继承衣钵，也会留下一些工具和作品。但通常老手艺人最爱用的那几件工具最不容易留下来。因为用着顺手的、爱用的工具利用率总会更高，消耗越大留存下来的机会也就越小。

说不定在未来的某个时代中，会出现一些人想去尝试重现前人留下的作品，试着复兴手工艺。

但到彼时，人们只能借着那些残留下来的作品去揣摩先人的智慧，通过不断的试错去掌握技术，去辨别原材料的优劣，一切都要从零开始。这将是一条任重而道远的征程。

工匠们的生存之道就是由徒弟从师傅那里继承技术和感知。物品可以被复制，但手艺人的想法和生活方式就很难回到从前了。师傅和徒弟的一生就像是两张粘贴连接面很大的纸，有时两张纸可能会完全重合，但如果原材料或者工具出现了变化，或是工艺上有所创新，两张纸就会稍稍错开。这错开的部分有时代表着进步，有时也可能是退步。

但一切成立的前提是有师傅这个角色的存在，而这些师傅们正在渐渐消失，愿意成为重合的那张纸的徒弟们也不见了踪影。

时代正在加速将手工业时代抛离身后。

或许今后，当人们在与时代的赛跑中感到疲惫或空虚时，就会怀念起工匠们的手作制品。但愿到了彼时，大家也能回想起这些手工制品背后，是日本民众智慧和他们的生存之道支撑着手工艺事业。届时如果这本书能发挥其绵薄之力，我将倍感欣慰。

作者

2008 年 2 月

著作权合同登记图字：20-2021-154

图书在版编目(CIP)数据

回望手艺 / (日) 盐野米松著；张含笑译.
—桂林：广西师范大学出版社, 2021.5
ISBN 978-7-5598-3705-9
Ⅰ. ①回… Ⅱ. ①盐… ②张… Ⅲ. ①手工业者－访问记－日本 Ⅳ. ①K833.138.1

中国版本图书馆CIP数据核字(2021)第063648号

广西师范大学出版社出版发行
广西桂林市五里店路 9 号　邮政编码：541004
网址：www.bbtpress.com

出 版 人：黄轩庄
责任编辑：马步匀
特约编辑：周　玲
装帧设计：张　卉
内文制作：陈基胜
全国新华书店经销
发行热线：010-64284815
山东韵杰文化科技有限公司

开本：787mm × 1092mm　1/32
印张：10.625　字数：178千字
2021年5月第1版　2021年5月第1次印刷
定价：68.00元